삶을 변화시키는
소그룹 리더 코칭

▍ 국제제자훈련원은 건강한 교회를 꿈꾸는 목회의 동반자로서 제자 삼는 사역을 중심으로
성경적 목회 모델을 제시함으로 세계 교회를 섬기는 전문 사역 기관입니다.

삶을 변화시키는
소그룹 리더 코칭

초판 1쇄 발행 2008년 12월 15일
초판 6쇄 발행 2022년 4월 29일

지은이 빌 도나휴 · 그렉 보먼
옮긴이 김용환

펴낸이 오정현
펴낸곳 국제제자훈련원
등록번호 제2013-000170호(2013년 9월 25일)
주소 서울시 서초구 효령로68길 98(서초동)
전화 02)3489-4300 **팩스** 02)3489-4329
이메일 dmipress@sarang.org

ISBN 978-89-5731-311-4 03230

※ 책값은 뒤표지에 있습니다. 잘못된 책은 구입하신 곳에서 교환해드립니다.

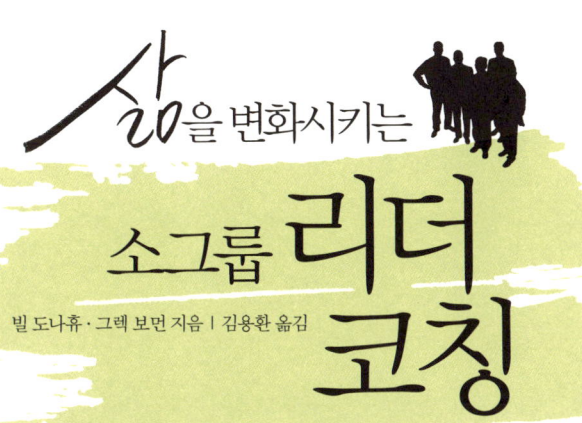

삶을 변화시키는
소그룹 리더 코칭

빌 도나휴·그렉 보먼 지음 | 김용환 옮김

리더들의 리더를 위한 실제적이고 유용한 코칭 도구

국제제자훈련원

Originally published in the U.S.A.
under the title Coaching Life-Changing Small Group Leaders
Copyright © 2006 by Willow Creek Association
Published by license of The Zondervan Corporation,
Grand Rapids, Michigan, U.S.A.

All rights reserved.

Korean Edition Copyright © 2008 by DMI Press, Seoul, Republic of Korea

Translated and used by permission of Zondervan
through arrangement of KCBS Literary Agency, Seoul, Republic of Korea.

본 저작물의 한국어판 저작권은 KCBS Literary Agency를 통하여 Zondervan과 독점 계약한 국제제자훈련원에 있습니다.
신 저작권법에 의하여 한국 내에서 보호받는 저작물이므로 무단전재와 무단복제를 금합니다.

머리말

교회를 복되게 만드는 코치가 되라

당신이 이 책을 선택했다는 사실만으로도 마음이 설렌다. 우리 두 사람은 윌로크릭Willow Creek을 비롯해 다른 많은 교회에서 얻은 경험, 많은 시간과 에너지를 이 책에 쏟아부었다. 한마디 덧붙인다면, 우리는 지금도 코치로서 섬기는 일을 계속하고 있다. 당신과 같은 위치에서 오랜 시간을 보냈으며, 지금도 소그룹 리더들을 훈련하고 개발하고 격려하는 일을 한다.

당신이 이 책을 읽어 가면서 발견할 내용은 다음과 같다. 먼저 리더들의 목자가 된다는 것이 무엇을 의미하는지 분명한 그림을 갖게 될 것이다. 코치의 의미를 발견함과 동시에, 당신이 왜 교회의 제자훈련 사역에 그처럼 중요한지도 깨닫게 될 것이다. 성도들이 소그룹을 통해 연결되고 함께 공동체를 체험하는 과정에서 소그룹 리더들은 효과적으로 그룹을 이끌어야 한다는 책임감을 갖게 된다. 이는 때때로 힘겨운 도전이 되기도 하고, 영적인 고갈을 불러오기도 한다.

지금 당신은 바로 그런 위치에 서 있다. 리더들을 뒷받침하면서 그들이 그룹 멤버들의 삶에 변화를 주도록 도와야 한다. 리더들은 머지않아 당신이 기도의 용사, 격려자, 경청자, 자신의 사역을 돕는 자원이라는 사실을 깨닫게 될 것이다. 또한 당신은 직접적·간접적으로 자신의 보호 아래에 있는 소그룹 멤버들의 성장에 절대적인 영향을 미치게 된다.

이 책에서 코치의 주요 실천 원리인, 리더들을 위한 당신의 사역을 특징 짓는 네 가지의 본질적인 기능을 발견하게 될 것이다. 우리는 당신이 이들 실천 원리를 창조적이고도 효율적인 방법으로 실행에 옮기도록 최선을 다했다.

이들 주요 실천 원리를 이해하게 되면 실제적이고 유용한 정보와 자원으로 가득 찬 코치의 공구상자, 즉 리더들과 만나서 그들의 성장을 격려하는 데 필요한 한 섹션 분량의 내용과 맞닥뜨리게 된다. 『삶을 변화시키는 소그룹 리더 코칭』에서 이 섹션을 가장 많이 참고하게 될 것이다. 그리고 사역 수행 과정에서 필요한 사항을 참고하기 위해 몇 번이고 펼쳐 보게 될 것이다.

그다음에는 당신의 삶과 사역에 대한 지속적 관리를 돕기 위한 내용을 실었다. 정신적·육체적으로 고갈되고 탈진 상태에 빠진 코치는 리더들에게 바람직한 영향을 미칠 수가 없다. 당신이 시간을 잘 활용하고, 리더의 능력을 극대화시키고, 삶이 주는 다른 책임과 기회에 잘 대처하고, 죄책감을 갖거나 후회하는 일 없이 코칭에 접근하도록 하는 것이 우리의 소망이다.

마지막 부분에는 교회에서 소그룹 사역을 이끄는 사람을 위한 섹션이 마련되었다. 대부분의 코치는 이 부분이 대단히 흥미롭고 유용하다고 생각할 것이다. 이 섹션은 주로 총체적인 관점에서 소그룹 사역을 세워 가는 사람을 염두에 두었는데 코칭의 체계를 세우고, 효과적인 코칭에 필요한 자원과 지원을 제공하는 문제를 다룬다.

이제 준비가 되었으면 힘을 내어 뛰어들 차례다. 이 책을 통해 다른 리더들을 코치해서 교회를 복되게 만들고, 열매 맺는 사역에 꼭 필요한 정보를 발견하리라고 확신한다.

코치로서 리더들을 섬기는 당신과 당신의 사역에 하나님의 축복이 함께하기를 기원한다!

—빌과 그렉

 차례

머리말 • 5

part 1 코칭의 비전

코칭에 대한 부르심 • 16
  최고의 코치가 되려면 • 16
  감명을 주어야 한다 • 20
코칭의 필요성 • 24
  개발하겠다는 마음가짐을 가지라 • 27
  다른 사람을 통한 사역: 신자의 제사장직 존중하기 • 27

part 2 코칭의 본질

변화의 비전을 품으라 • 32
  사람이 변할 수 있다는 사실을 믿으라 • 33
  성령의 역사를 신뢰하라 • 34
  하나님이 당신을 사용하신다는 사실을 잊지 마라 • 36
공동체에 대한 사랑을 품으라 • 37
리더 개발의 열정을 키우라 • 39
  코치는 리더의 삶에 영향을 미친다 • 41
  코치-리더 관계의 기대치를 설정하라 • 42
목자의 마음을 기르라 • 43

part 3 코치의 주요 실천 원리

사역의 큰 그림을 그리라 ● 48

주요 실천 원리 1 ● 51

　본보이기: 그리스도를 닮은 삶을 추구하라 ● 51

　일반적인 오류 ● 53

　성령 충만한 리더십의 본을 보이라 ● 54

　영적 적합성의 본을 보이라 ● 54

　공동체에 적극 참여하는 본을 보이라 ● 60

주요 실천 원리 2 ● 63

　가이드하기: 의도적으로 목양하라 ● 63

　일반적인 오류 ● 65

　강한 관계를 구축하라 ● 66

　상대방의 말을 경청하라 ● 69

　삶을 위로하는 격려자가 되라 ● 70

　보살피는 목자가 되라 ● 74

주요 실천 원리 3 ● 77

　꿈 심어 주기: 함께 꿈을 꾸라 ● 77

　일반적인 오류 ● 78

　비전의 능력을 가지라 ● 79

　비전을 만들라 ● 81

　비전을 분명히 하라 ● 82

　비전을 생생하게 유지하라 ● 83

주요 실천 원리 4 • 88
  무장시키기: 기술을 개발하라 • 88
  일반적인 오류 • 89
  리더를 실제적으로 무장시키라 • 90
  성장 기회를 잡아라 • 93

part 4 코치의 공구상자

코칭의 개관 • 98
  코치의 역할을 이해하라 • 98
  리더를 세우는 과정에 필요한 세 가지 도구 • 101
  어디서부터 시작할까 • 102
일대일 대화 • 104
  개인적인 관계가 먼저다 • 105
  효과적인 일대일 대화를 위한 지침 • 106
  일대일 대화를 위한 네 가지 절차 • 110
  영적 성장을 돕는 유용한 질문을 만들라 • 112
  코치의 기술을 연마하라 • 115
  코칭 관계에 있는 성도 • 117
  개발보조자료 영적 성장 가이드하기: 목양 계획 개발 • 119
  개발보조자료 기술 개발 가이드: 코치와 리더의 대화를 위한 여덟 가지 가이드 • 121

코칭 대화 1 개인 성장의 본보이기 • 124

코칭 대화 2 리더 목양하기 • 127

코칭 대화 3 진정한 관계 구축하기 • 130

코칭 대화 4 건강한 방법으로 갈등 해소하기 • 134

코칭 대화 5 보살핌과 사랑 베풀기 • 138

코칭 대화 6 열린 공동체 되기 • 142

코칭 대화 7 구도자에게 다가가기 • 146

코칭 대화 8 미래의 리더 개발하기 • 150

리더십 모임 • 153

학습하는 공동체를 세우라 • 154

성경이 보는 리더십 모임 • 155

리더십 모임 계획 • 156

리더십 모임 진행 • 158

리더십 모임 평가 • 167

개발보조자료 코칭 모임 • 169

리더십 모임 1 개인 성장의 본보이기 • 171

리더십 모임 2 리더 목양하기 • 174

리더십 모임 3 진정한 관계 구축하기 • 177

리더십 모임 4 건강한 방법으로 갈등 해소하기 • 180

리더십 모임 5 보살핌과 사랑 베풀기 • 183

리더십 모임 6 열린 공동체 되기 • 185

리더십 모임 7 구도자에게 다가가기 • 187

리더십 모임 8 미래의 리더 개발하기 • 189

그룹 방문 • 192
    그룹 방문의 목적을 알리라 • 193
    효과적인 그룹 방문의 열쇠는 지지와 격려다 • 193
    그룹 방문 시 주의사항 • 199
    그룹 방문 후에 다시 만나라 • 201
분쟁 조정 • 205
    갈등을 건강한 방법으로 해결하라 • 205
    빈 의자: 새 멤버를 그룹에 영입할 때 요령 • 208
    리더의 견습 리더 선정과 개발을 도우라 • 208
    그룹을 배가(재생산)하라 • 210
    개발보조자료 견습 코치 양성하기 • 212
    개발보조자료 리더십 모임 배가하기 • 215

part 5 코치의 세계

적절한 속도를 설정하라 • 218
    삶과 사역을 위한 일정을 짜라 • 219
    시간을 극대화하라 • 222
섬김서약서 작성 • 223
    개발보조자료 섬김서약서 • 225
커뮤니케이션, 사역의 활력 • 227
공동체 속의 코치 • 229
물러날 시기 • 231

part 6 코칭 조직 세우기

소그룹 사역 핵심 리더를 위한 가이드 ● 236
1. 코칭의 역할을 명확히 규정하라 ● 237
2. 리더 훈련에 기쁨을 가진 코치를 모집하라 ● 237
3. 조직을 선택하고 설정하라 ● 240
4. 그룹 리더에서 코치로 섬김의 범위를 넓히라 ● 241
5. 사역을 완수하기 위한 기술을 개발하라 ● 242
6. 코치에 대한 보살핌과 양육 ● 244
7. 코치의 수명을 늘리는 요인 ● 245
8. 대안적 코칭 모델 ● 247

맺음말 ● 250

part 1 　코칭의 비전

코칭이란 무엇인가? 교회가 그토록 리더들을 가이드하고 격려할 사람을 필요로 하는 이유는 무엇인가? 누군가 이 역할을 담당하고, 리더들의 삶에 헌신해야 한다는 것은 무슨 의미인가?

교회에서 인정받는 코치가 되고, 또 유능한 코치를 기르기 위해서는 먼저 코칭 실천의 비전을 품어야 한다. 이는 흔히 '보스'나 '잔소리꾼'으로 오해받을 수 있는 역할이다. 그러나 코칭은 그런 것이 아니다. 교회 리더들이나 성도들의 영적 성장을 저해한다면 그것은 코칭이라고 볼 수 없다. 코칭은 단순한 감시나 감독과는 다르다. 개인적이고, 개발과 관련이 있으며, 지원이 필요한 부분이다. 코치는 리더들을 도와서 그들이 최고 역량을 발휘하도록 도와주는 역할을 한다. 따라서 교회에서 리더들을 코치한다는 것이 무엇인지, 그에 관한 개념 파악부터 확실히 해야 한다.

코칭에 대한 부르심

최고의 코치가 되려면

빌의 부친 존 도나휴John Donahue는 40대에 필라델피아에 있는 조지워 싱턴고등학교 수영팀의 수석 코치가 되었다. 그 팀은 시합에서 15년 연속 우승을 차지했다. 한번 생각해 보라. 무려 15년간 연속해서 우승컵을 손에 쥔 것이다. 경이적인 기록을 세운 코치라면 전국 상위권에 드는 대학팀에서 수년간 선수 경험을 가졌거나, 리그에서 기록이 좋은 선수들을 보유했거나, 필라델피아 시에서 가장 훌륭한 훈련 시설을 갖췄을 것이다. 하지만 그는 이들 조건 중 아무것도 갖추지 못했다.

존은 가능성 없는 코치였고, 워싱턴고등학교도 수영 명문이 될 가능성이 희박했다. 수영팀은 일주일에 세 번, 그것도 임대 시설을 이용해 훈련을 했다. 예산 문제로 그 이상은 엄두조차 낼 수 없었다. 이 팀도 다른 학교가 겪는 어려움을 겪어야 했다. 바로 끊임없는 인원 교체의 문제였다. 경험을 가진 선배들이 졸업해서 빠지고 '백스트로크'는 안마 기술, '버터플라이'는 중장비인 캐터필러의 일종으로 생각하는 신입생들이 그 뒤를 잇게 되면 성공적인 전통을 이어 가기란 그리 쉽지 않은 일이다.

우승 전통을 위협하는 또 다른 도전이 있었다. 워싱턴고등학교에 졌던 팀은 대부분 다음 해에 새 코치를 영입하는데, 그들은 자신의 이름을 알리기 위해 어떻게 해서라도 성공하려는 사람이었다. 대부분 대학에서 수영선수로 뛰었던 이들 코치에게는 최신 수영 기법과 함께 도나휴가 20년 전에나 가졌을 법한 젊음이 있었다. 시합의 목적은 오직 한 가지, 최종 결선에 올라가 워싱턴고등학교를 물리치는 것이었다. 결선은 도나휴의 수영 기법에 대비해 그들이 쌓은 노력을 테스트 받는 시간이었다. 하지만 15년 동안 아무도 자신의 목적을 이루지 못했다.

도나휴는 키 190센티미터에 몸무게 120킬로그램으로 전형적인 챔피언십 수영 코치 타입이라고 보기 힘들었다. 그는 대학 시절 헤비급 레슬링 선수였으며, 그전에는 해군에서 USS 호닛 항공모함에 비행기 엔진을 장착하는 일을 했다. 수영선수로 활약한 경력이 전혀 없었다. 그럼에도 수영과 기타 스포츠를 코치하면서 성공을 거두었던 요인은 무엇인가? 몇 가지 가능한 요인을 생각해 볼 수 있다. 그리고 이들 요인은 스포츠, 비즈니스, 목회 또는 인간 개발과 지원을 필요로 하는 모든 영역에 적용될 수 있다.

일관성(Consistency)   일관성을 가진 코치를 통해 15년 동안 동일한 훈련과 가치, 승리에 필요한 자세, 확고한 도덕성을 불어넣는 것이다. 도나휴는 선수들과 우호적인 관계를 유지했으며, 전설적인 위상의 소유자라는 평판을 들었을 때도 이에 아랑곳하지 않고 묵묵히 자기 일을 해 나갔다. 수영팀의 학생들은 영화배우 존 웨인 '공작'을 본 떠 그를 존 도나휴 '공작'이라고 불렀다. 팀에 새로 들어오는 선수는 그를 경외심과 존경 어린 눈으로 바라보았다(마치 펜실베이니아 주립 대학교의 풋볼 우상인 조 파테르노나 전설적인 인디애나 농구팀 코치였던 보비 나이트를 바라보듯).

사랑(Love)   도나휴는 선수들에게 최선을 다하도록 다그치고, 한계 상황까지 밀어붙이는 등 훈련에서는 더할 수 없이 엄격한 반면에 부드러운 면도 가졌다. 학생들은 그가 유사시 선수와 선수 가족들을 위해 물불을 가리지 않는다는 소문을 들었다. 공작은 춥고 비가 내리는 겨울밤 오도 가도 못하는 선수들을 집에 데려다 준 일이 여러 번이 있었고, 돈이 없어 쩔쩔매는 학생에게 일주일 동안 점심을 사 준 일도 있었다. 그는 거칠고 우락부락한 외모와 부드럽고 따뜻한 마음씨가 조화를 이룬 사람이었다. 선수들이 최선을 다한 이유는 바로 이것이었다. 그는 선수들을 사랑했고, 선수들도 그 사실을 알았던 것이다.

용기(Courage)   워싱턴에서 일하기 몇 년 전, 도나휴는 필라델피아 도심에 위치한 문제아가 많은 학교에서 코치로 있었다. 어느 날 학생들 중 덩치가 크고, 근육이 잘 발달된 '동굴에 사는 사람'이라는 별명을 가진 한 녀석이 식당에서 공작에게 덤벼들어 그를 바닥에 때려누였다. 불행하게도 이 건장한 폭군은 자신이 공격한 사람이 템플 대학에서 헤비급 레슬링 선수생활을 한 뒤, 2차 세계대전 중 4년간 해군 복무를 끝내고 갓 부임한 선생이라는 사실을 몰랐다. 눈 깜짝할 사이에 폭군은 공작의 손에 사지가 비틀린 채 끈에 묶여 고통당하는 신세가 되고 말았다. 그날 이후 학생들은 경외심을 갖고 그 사건을 이야기하곤 했다. 도나휴가 새로 부임한 학교까지 그 소문이 따라와 "그래서 그 원시인이 어떻게 됐어요?"라고 물을 정도였다. 그때마다 공작은 "다시 동굴로 돌려보냈지"라고 대답해 주었다. 그 사건을 농담처럼 흘려 넘기긴 했지만, 당시 그 학교에 출근하는 데는 상당한 용기가 필요했다고 한다. 범죄가 극성을 부리고, 마약에 찌든 그곳은 존 도나휴 같은 사람에게도 정말 위험한 곳이 아닐 수 없었다.

존의 혈관에는 코칭의 피가 흘렀다. 그에게는 코칭을 위해 태어난 사람이라는 말이 어울렸다. 수영 코치로서 가능성이 없어 보였지만, 실제로 그는 코치의 전형이라고 말할 수 있을 정도로 뛰어난 자질을 가졌다. 즉 일관성 있고 잘 훈련되어 있었다. 또한 코칭 받는 사람을 사랑했고, 옳다고 믿는 것을 실천에 옮겼으며, 예기치 못한 일이나 격렬한 반대에도 코스를 이탈하지 않는 용기를 가졌다.

여든 살이 넘은 현재도 그는 대부분 60대가 거주하는 은퇴자 주택 지구에 살면서 다른 사람을 코치한다. (평생 한 번도 수영을 해 본 일이 없는 여성에게 단 세 번 연습시켜 수영을 할 수 있게 한 일도 있다!) 그 자신은 챔피언십 코치가 될 만한 자격이 있다고 말한 적이 없지만, 존은 챔피언십 코치로서 이름을 날렸다. 그는 최고의 코치가 되는 데 필요한 모든 것을 소명감을 갖고 몸에 익혔던 것이다.

당신은 하나님이 주신 소명을 갖고 무엇을 하겠는가?

감명을 주어야 한다

하나님은 보통 우리에게 쉬운 일을 맡기시지 않는다. 하나님이 요구하시는 일에 만족감을 표한 사람이 있었는지 찾아보라. 모세는 벌벌 떨었고, 마리아는 난처해했다. 그리고 바울은 겁에 질렸다. 소명은 분쟁을 일으키고 요동치게 하며 평온과 평안, 안락의 환상을 깨뜨린다. 또한 때때로 사람을 놀라게 하고 혼란을 일으키고 화나게 하고 괴롭힌다. 하나님은 겁에 질려 있는 사람, 마음이 내키지 않는 사람, 미혹에 빠진 사람을 자주 부르신다. "농담이시죠, 하나님. 지금 저보다 훨씬 훌륭하고 영리하고 영성이 깊은 사람과 혼동하고 계신 거죠!"

일을 회피하고 싶은 마음은 이해할 수 있다. 하나님의 부르심에 응하는 데는 정서적인 면, 재정적인 면, 심지어 신체적인 면까지 비용이 들 때가 많다. 아브라함은 여호와의 음성만 듣고 고향과 친척, 아비 집을 떠났다 창 12:1-5. 바울은 하나님의 부르심에 따랐을 때 매 맞고 헐벗고 공격당하고 오해를 받았다 고후 11:16-33. 브리스길라와 아굴라는 바울의 선교 사역에 참여하기 위해 생업인 천막 짓는 일을 그만두고 떠돌아다니며 교회를 세웠다 행 18:2, 18-19.

우리는 대부분 그런 희생을 요구받은 기억이 없을 것이다. 그러나 코치로서 그리스도를 섬기려면 스포츠를 즐기거나 클럽에 참여하거나, 또는 한 잔의 커피를 마시며 안락의자에 앉아 느긋하게 쉬는 등 하고 싶은 일을 포기해야 하는 경우가 더러 생긴다. 주중에 일정 시간을 할애해 소그룹 리더들을 섬겨야 할 수도 있다. 자원해서 교회의 소그룹 리더로 섬기는 목자들에게 다가가 힘을 불어넣기 위해 기울이는 코치의 노력은 숭고한 것이다.

켄Ken은 우리가 섬기는 윌로크릭 교회의 에너지 넘치는 유능한 소그룹 리더였다. 그는 자신이 이끄는 사람에게 헌신적이었고, 생명력을 가진 그리스도인의 모델이 되기 위해 힘썼다. 대화 중에 리더십 문제가 거론되자 그는 서슴지 않고 윌로크릭에서 더 많은 리더가 나왔으면 좋겠다고 말했다. 성령께서 켄의 마음속에 역사하셔서 다른 리더들을 생각하는 마음을 주셨던 것이다. 어느 날 켄에게 리더 몇 명을 코치할 수 있겠느냐고 물었다.

"농담이죠? 일할 사람이 그렇게 없나요?"

"켄, 진심이에요. 당신에게 이 일에 적합한 자질이 있다고 생각되어 부탁하는 거예요. 리더들에게 관심이 있고, 그리스도 안에서 사람이 성장하는 것을 보고 싶다는 열망이 당신 안에 있어요. 경험 없는 그룹 리더 몇 사람을 멘토링해서 그들의 도전을 성공적으로 이끄는 것이 어떻겠어요?"

이때 켄의 반응은 상투적이었다.

"솔직하게 말하면 새로운 역할과 책임을 맡는다는 사실에 설레기도 하지만, 한편으로는 '늦기 전에 얼른 도망쳐!' 라는 생각도 들어요."

켄의 솔직한 말에 우리 두 사람은 한참 웃었다. 그런 다음 하나님께 기도해 보고, 다른 사람의 조언도 들어 보고, 이 사역을 자신의 스케줄에서 우선순위로 삼을 수 있는지 생각해 보라고 도전을 주었다. 그로부터 일주일 후에 다시 만났을 때 그는 이렇게 말했다.

"이 일을 하기 위해서는 지역 농구 리그를 그만둬야 하는데…… 하나님께서 제가 이 일을 하기 원하신다는 생각이 들어요. 그래서 하기로 결정했어요."

"농구를 하면서 체력 단련도 하고, 삶의 활력도 얻었을 텐데요?"

"맞아요. 하지만 아침에 같이 조깅하는 사람이 있으니까 그와 함께 운동하면 돼요. 농구 리그를 그만두면 일주일에 이틀 저녁은 시간적 여유가 생기거든요. 그러면 가족과 친구, 소그룹 리더들을 위한 시간을 만들 수 있어요. 그리고 직장의 잃어버린 영혼이나 이웃과의 관계도 더 넓어질 수 있고요. 이젠 이 일이 정말 하고 싶어요."

켄은 전 세계를 돌아다니거나 자기의 소유물을 포기할 필요가 없었다. 그저 약간의 희생과 함께 하나님이 그의 인생에 부여하신 소명을 중심으로 생활 계획을 재조정하면 되었다. 이 기회를 통해 켄은 새로운 소명이 주어질 때, 기존의 생활 계획에 그저 끼워 넣기만 해선 안 된다는 사실을 알았다.

"그래요. 잠깐만요…… 마당 치우고, 학교 모임에 참석하고, 팀을 농구 연습장에 데려다 주고, 그리고 아…… 뭐지? ……뭔가 있었는데…… 아, 그래요, 이제 생각이 나네요. 하나님께서 메시지를 보내셨거든요. 최대한 빨리 회신을 했어야 하는 건데."

천만에, 이럴 수는 없다!

코칭의 역할이 그저 생소하고, 리더 양육이 당신의 일이 아니라는 생각이 들면 내키지 않은 일을 했던 사람을 떠올려 보라. 절대 자신의 일이 아니라고 생각했던 아브라함, 모세, 에스더, 바울 등 위대한 사람의 이름이 명단 맨 윗자리를 차지할 것이다.

당신도 그들의 클럽에 동참하라. 우리 중 어느 누구도 적격자는 없다. 다만 용기를 잃지 않기 위해서 다음 성경구절을 참고하라. 이들 성경구절을 통해 바울이 주어진 사역에 얼마나 부적합하다고 느꼈는지 알 수 있다.

고전 9:16　　여기서 바울은 가르침의 사역을 완수해야 한다는 강한 충동을 감지한다. 그는 "만일 복음을 전하지 아니하면 내게 화가 있을 것이로다!"라며 절박감마저 느꼈다. 그의 과업이 하나님 나라의 원대한 비전을 위해 중요한 것이었기 때문이다. 우리에게도 이 같은 과업이 주어질 것이다.

고후 3:4-6　　성령의 능력 안에서 일할 때 그리스도께로부터 오는 만족을 얻었다. 우리도 마찬가지다. 그리스도는 새 언약의 종(사역자)으로서 우리를 주어진 사역에 적합하도록 세우셨다.

고후 4:7-12　　연약한 그릇(깨지기 쉬운, 금 간 질그릇)이었음에도 바울은 그리스도의 생명이 자신을 통해 드러나 다른 사람이 하나님의 능력을 보게 될 거라고 증언했다. 당신도 동일한 경험을 하게 될 것이다.

고후 12:7-10　　바울은 약한 것 때문에 좌절하지 않고 오히려 약한 데서 그리스도의 능력을 끌어냈다. 당신도 그렇게 되어야 하는데, 이를 통해 하나님의 넘치는 은혜를 발견하게 될 것이다.

우리가 아는 한 이 세상에서 바울보다 더 사역의 기쁨과 투쟁을 경험한 사람은 없다. 위의 성경말씀을 통해 바울 안에 그리스도께서 역사하셨다는 사실을 알 수 있다. 따라서 우리 안에도 그리스도께서 역사하시리라는 확신을 가져야 한다.

코칭의 필요성

소그룹 리더의 삶을 위해서는 코치, 즉 목양하는 리더가 필요하다. 누군가 다른 사람의 마음에 생명과 소망과 진리를 전달할 때 성령의 능력이 나타난다. 이것은 특히 사역의 짐과 큰 무게를 짊어진 리더들에게 그렇다. 그들에게는 생명의 말씀이 필요하다. 교회 리더들의 개인적이며 영혼 깊은 곳에서 우러나는 성원, 진실한 관계와 관련해 래리 크랩 Larry Crabb은 『내 영혼은 이런 대화를 원한다 Soul Talk』(사랑플러스, 2004)에서 다음과 같이 말한다.

"비전을 주입하는 사람은 우리를 종교적 행위로 이끈다. 기업인은 어떻게 그 행위를 지속시킬 수 있는지 알게 된다. 마케팅 천재는 모든 사람의 입에 오를 때까지 그 행위에 대한 강한 인상을 남긴다. 재능 있는 연기자는 말과 노래를 통해 우리를 행위로 이끈다. 그리고 모든 선한 일에서 최고는 아닐망정 중요한 우선순위가 주어진다. 더욱 중요한 것은 각각의 리더가 누군가에게 알려진다는 사실이다. 군중이나 위원회가 아닌 한 사람, 가까운 친구, 친밀한 동료에게 알려지게 된다. 단순히 서로 책임을 지는 관계가 아니라 친밀하고, 가치 있고, 고통스러울 정도로 현실적이고, 오래 지속되는 순수한 관계로 알려지는 것이다."

래리는 진정 원한다고 서술했지만, 모든 코칭 관계가 그렇게 깊은 관계가 될 수는 없다. 그러나 그의 말은 핵심을 찌른다. 리더는 자신의 삶을 나누고 자신을 알고 사랑하고 지원해 줄 사람, 즉 여기서는 목양을 담당하는 코치의 역할에 해당하는 사람을 필요로 한다. 그런 일이 일어날 때 성령이 그 리더를 흔들어 깨워 주시는 것처럼 보인다. 그때 리더는 자기 그룹에 속한 사람이 자신을 존중하고 이해해 준다고 느끼면서 그들에게 진리와 생명을 선포할 동기부여를 받게 된다. 어느덧 평범한 사람이 하나님의 손에 들린 비범한 도구가 되는 것이다.

성경은 코치나 멘토가 평범한 사람과 삶을 나누고, 리더십의 잠재력을 가진 사람에게 시간과 정열을 투자할 때 어떤 일이 벌어지는지에 대한 이야기로 가득 차 있다.

모세와 여호수아 당신은 그가 자격 없는 사람이라고 생각하는가? 대표적인 예로, 마지못해 순종했던 리더인 모세와 그의 젊은 수종자 여호수아를 생각해 보라. 두 사람은 힘을 합쳐 이스라엘의 미래를 변화시켰다. 모세는 현장 훈련을 통하여 여호수아를, 이스라엘 백성을 다른 사람을 이끄는 지도자로 양육했다.

예수와 베드로 실패가 염려되고 두려움이 앞서는가? 어느 누구도 가장 절박한 순간에 친구이자 스승인 예수를 세 번씩이나 부인한 베드로보다 더 실패한 사람은 없다. 그러나 그는 실패의 경험을 딛고 일어나 바위처럼 단단한 초대교회의 기반이 되었다. 진정한 리더십의 대가인 예수님을 통해 배우는 과정에서 베드로는 격려와 사랑을 발견했다.

브리스길라, 아굴라 부부와 아볼로   당신보다 뛰어난 재능을 가진 사람을 코치하는 것이 두려운가? 신약성경에 나오는 이들 부부를 보라. 두 사람은 천막 짓는 일에 부름을 받았으며, 바울을 따라다니며 교회 세우는 일에 헌신했다. 얼마 안 가 그들은 위대한 웅변가였지만 다소 의문스러운 교리를 가르치던 커뮤니케이션의 대가 아볼로를 코치하게 되었다. 아볼로는 다른 사람을 가르치는 중이었는데, 브리스길라와 아굴라는 그를 지도하고 코치해서 사역의 현장에 풀어놓았다.

바울과 디모데   약하고 겁이 많다는 생각이 드는가? 경험이 없어 주눅이 드는가? 그러면 디모데를 떠올려 보라. 문화적 혼돈과 교리의 혼란이 극심했던 에베소 교회에서 디모데는 용기를 갖고 예수를 증거했는데, 이는 바울의 지지가 있었기 때문에 가능한 일이었다. 바울이 "디모데야, 이 혼란을 바로잡아라!"라고 도전을 주자, 디모데는 위기의 상황에서 수완을 발휘하기 시작했다.

골프 황제 타이거 우즈, 테니스의 윌리엄스 자매, NASCAR(미국 개조 자동차 경기연맹) 자동차 경주의 제프 고든, 성공한 대기업 임원, 최고의 리더들에게도 코치가 필요하다. 코치는 격려와 지원, 기도를 필요로 하는 리더들에게 힘을 불어넣어 주고 그들의 사역이 하나님 나라에 얼마나 중요한 역할을 하는지 깨우쳐 주는 역할을 한다. 더 많은 기도와 사랑, 자원, 격려가 필요하지 않은 리더는 없다! 리더들에게는 자신의 삶을 함께 나눌 사람이 꼭 필요하다. 그리고 당신이 바로 그 사람이다!

개발하겠다는 마음가짐을 가지라

코치는 다른 사람을 도와 빛을 발하도록 도와주는 전문가다. 타이거 우즈와 그의 코치 중 누가 더 골프를 잘할 거라고 생각하는가? 세레나 윌리엄스와 그녀의 코치 중 누가 더 테니스를 잘 친다고 생각하는가? 제프 고든과 그의 팀 매니저 중 누가 더 카레이스를 잘한다고 생각하는가? 실제로 IBM이나 셸, 또는 마이크로소프트를 경영하는 사람과 그들을 도와 목표를 달성하도록 힘을 불어넣는 사람 중 누가 더 훌륭한 경영자라고 생각하는가? 굳이 설명할 필요도 없을 것이다. 코치라고 반드시 세계에서 가장 훌륭한 소그룹 리더여야 할 필요는 없다. 코치는 다른 사람을 도와서 위대한 소그룹 리더가 되게 하는 데서 기쁨을 얻는다. 즉 다른 사람을 성공으로 이끄는 데서 자신의 성공을 찾는다.

바울은 교회를 세우고 리더를 개발하는 데 은사를 가진 사람이었다. 그가 디모데와 함께한 사역을 통해 모든 코치에게 필요한 개발자로서의 마음가짐을 발견하기 바란다.

다른 사람을 통한 사역:
신자의 제사장직 존중하기

베드로의 서신은 그리스도를 믿는 자로서 우리가 감당해야 할 역할을 분명하게 보여 준다. "그러나 너희는 택하신 족속이요 왕 같은 제사장들이요 거룩한 나라요 그의 소유가 된 백성이니 이는 너희를 어두운 데서 불러 내어 그의 기이한 빛에 들어가게 하신 이의 아름다운 덕을 선포

생각하기

지금까지의 내용을 읽고 어떤 생각이 드는가? 이것이 하나님과 대화를 나눌 기회일 수도 있는데, 이런 기도를 드리면 어떨까? "하나님, 저는 아직 눌려 있습니다. 하나님은 다른 사람 속에서 역사하셨습니다. 성경에 분명히 나와 있듯이 말입니다. 하나님은 연약한 저를 사용하겠다고 하십니다. 두려움을 극복하는 데 필요한 영적·감정적 자원을 공급해 주시리라 믿습니다. 하지만 아직도 선뜻 내키지가 않습니다. 저를 만나 주시고 하나님의 능력을 믿는 믿음을 주옵소서."

과거에 자신감을 갖고 임했던 분야나 장소를 벗어나는 사역에 부름 받은 경험을 가진 사람을 만나 보는 것도 도움이 된다. 다른 코치나 소그룹 리더, 스태프 멤버 또는 교회 당회원과 만나 대화를 나눠 보라. 이때 그들이 어떻게 사역의 길을 걸어왔는지 물어보라.

1. 지금까지 경험한 두려움은 어떤 것이었는가?
2. 하나님이 그런 두려움을 극복하도록 어떤 은혜를 주셨는가?
3. 그 보상은 무엇이었는가?
4. 그런 위험을 무릅쓰고 사역하는 과정에서 영적으로 얼마나 성장했는가?

하게 하려 하심이라" 벧전 2:9.

그렇다. 당신과 나는 왕 같은 제사장으로서 그리스도의 사명을 감당할 특권과 책임을 가졌다. 제사장이 존재했던 구약시대와 달리 지금은 정교하게 만든 예복을 입거나 동물을 제단 위에 태워 희생 제물로 드리지 않는다. 우리는 성전에서 제사를 지내는 대신에 예수 그리스도께서 인간을 위해서 최고의 희생 제물이 되셨다고 선포하도록 부름을 받았다 ^(히 9:27-28). 건물이 아닌 우리의 몸은 성령이 내주하시는 성전이다 ^(고전 3:16-17). 우리는 새로운 희생 제물, 즉 우리 몸을 그리스도께 산 제물로 드려야 한다 ^(롬 12:1-2). 우리는 그리스도의 몸을 세울 사명을 부여받았다 ^(엡 4:16).

그러므로 용기를 잃지 마라. 하나님은 그분의 공동체를 위해 리더들을 섬기고 격려하고 지원하고 개발하는 모험에 참여하라고 당신을 부르신 것이다. 사명은 당신만 입을 수 있는 낡은 청바지처럼 그냥 간직하면 되는 것이 아니다. 다른 사람과 나누어 그 효과와 영향을 증대시켜야 한다. 소그룹 리더들을 통해 그룹 멤버들을 섬기는 데서 얻는 기쁨은 코칭의 큰 보람이다. 한 사람의 코치가 두 사람, 세 사람 또는 그 이상의 그룹 리더에게 영향을 줄 때, 그들은 스무 명 또는 서른 명의 삶에 영향을 주게 된다. 불과 몇 사람에게 미치는 영향이 많은 사람의 삶에 큰 파급 효과를 일으킬 수 있다.

part 2 코칭의 본질

훌륭한 코치가 되기 위해 필요한 것은 무엇인가? 또한 코칭 사역의 핵심을 이루는 것은 무엇인가?

야구선수들은 그것을 게임의 기본이라고 부른다. 은행 경영자들은 건전한 비즈니스 관행이라고 부른다. 야구경기든 은행 경영이든 일정한 핵심 가치는 모든 기업의 중심이 된다. 이것은 리더들을 코치할 때도 마찬가지다. 일정한 핵심 가치와 본질적인 특성은 사역을 규정한다. 이것은 우리가 가슴속에 품고, 개발하고, 시간을 두고 배양하지 않으면 안 되는 요소다.

변화의 비전을 품으라

코치는 소그룹 리더들이 열정을 갖고 그룹 멤버들이 그리스도의 형상을 닮아 가도록 돕기를 원한다. 리더들은 이런 열정을 가져야 한다. 최고의 코칭 모델인 바울은 그의 '자녀'가 그리스도 안에서 자라는 것을 보고 싶어 했다. 그것은 삶을 이끌어 가는 바울의 열정이었고, 그 열정으로 자주 감동받곤 했다. "나의 자녀들아 너희 속에 그리스도의 형상을 이루기까지 다시 너희를 위하여 해산하는 수고를 하노니" 갈 4:19.

이는 우리가 품고 나눠야 하는 설득력 있는 비전이다. 그러나 불행하게도 모든 소그룹 리더는 이런 관점에서 자신이 이끄는 그룹을 보지 않는다. 이런 비전이 없거나, 하나님이 삶을 변화시킬 만한 잠재력을 가지셨다는 사실을 모르는 사람은 이 모임을 단순한 친목단체로 여긴다. 몇 마디의 농담을 주고받고, 간식을 나눠 먹고, 새로 들여놓은 주방 캐비닛이나 최근 벌어진 풋볼게임의 점수에 대해 이야기를 나누고, 짤막한 기도를 함께 드린 후 각자의 집으로 돌아간다. 고통당하는 사람을 돕는 일에 대한 비전을 가졌지만, 인생의 상처나 고통을 토론하는 데서 벗어나지 못하는 것이다. 동정심에 고개를 끄덕이다가 치유 기도를 하고 나서 모임을 그냥 끝낸다. 어떤 그룹 리더는 자신의 소그룹을 교사가 되어 가르치는 교육센터쯤으로 생각한다. 장시간에 걸쳐 성경 강해를 끝내고 간단한 토론을 벌인다. 대화 내용은 무겁고 의견 중심적이며 "그거 흥미롭군요" "정말 새로운 내용이에요" "나는 그렇게 생각하지 않아요" 등 멤버들의 의견이 뒤따른다. 리더가 성경에 충실하다는 것은 바람직한 모습이다. 그런데 이 리더는 단순히 성경을 가르치고 토론하는 것이 그룹의 목적이라고 생각한다는 데 문제가 있다.

변화를 위한 비전은 성경의 가르침을 토론하는 것만으로는 안 된다. 비전의 중심은 삶의 변화다. 상호교제, 서로를 향한 동정심, 성경 토론을 포함한 그룹 생활의 모든 영역이 변화를 위한 분위기 조성에 기여하지만 그것만으로는 충분하지가 않다. 변화는 마음에서 일기 시작해서 태도와 사고, 행위가 선생인 예수님을 닮아 가는 것을 말한다. 그룹 리더와 코치는 그런 비전을 품어야 한다. 그것이 하나님의 비전이기 때문이다. "제자가 그 선생 같고 종이 그 상전 같으면 족하도다" 마 10:25. 선생처럼 되는 것이 모든 그룹 멤버의 목적이다.

사람이 변할 수 있다는 사실을 믿으라

빌 하이벨스Bill Hybels는 시카고 교외에 소재한 윌로크릭 커뮤니티교회의 담임목사다. 여러 해 동안 유지되어 온 윌로크릭의 핵심 가치 중 하나는 성도가 변화되어 예수 그리스도의 헌신된 제자가 되는 것이다.

사역 초기에 있었던 일이다. 예배가 끝나고 노인 한 사람이 젊은 하이벨스 목사를 만나자고 했다. 당시 겨우 스물세 살이었던 젊은 목사가 사역하다가 좌절을 맛보지 않게 하려는 목적에서였다. "이것 봐요, 빌. 당신은 아직 젊고 이상에 차 있소. 솔직하게 얘기해 볼까요? 매주 강단에 서서 성도들이 변화되기 바라면서 심혈을 기울여 설교하고 있지만 변화는 절대 일어나지 않을 거요." 그러자 하이벨스는 용기와 확신을 갖고 "글쎄요, 제 생명을 걸고 말씀드리지만 성도님의 생각은 잘못됐습니다"라고 대답했다.

당신이라면 이런 상황에서 어떤 반응을 보이겠는가? 변화에 대한 열정을 가졌는가? 성령이 역사하시면 사람이 변한다고 믿는가? 그들이 겉으로는 그럴듯해도 아직 하나님이 원하시는 모습이 아니라고 생각하는가? 그들이 자신의 부적합성, 실패, 변덕, 무경험을 뛰어넘어 하나님의 은혜로 변화되리라고 보는가? 리더들의 내면 깊숙한 곳에는 황금이 숨겨져 있어 그 사실을 아는, 시간을 낼 수 있는 누군가가 캐내 주기를 기다린다. 리더들을 도와 그것을 캐내고 싶다는 열망을 가졌는가?

성령의 역사를 신뢰하라

코치는 한 사람의 영적 성장을 책임질 수 없다. 이는 우리 안에서 역사하시는 성령께서 하실 일이다. 당신의 일이 헛되지 않을 거라는 자신감을 가지라. 하나님은 당신을 통해 리더들 안에서 일하신다. 이 사실을 믿으면 부담감에서 해방될 수 있다. 우리의 책임은 격려하고 기도해 주고 용기를 불어넣어 주고 도전을 주는 것뿐, 성장은 하나님의 몫이다. 다음은 하나님의 영이 우리 안에서 일하신다는 성경말씀이다.

내 말과 내 전도함이 설득력 있는 지혜의 말로 하지 아니하고 다만 성령의 나타나심과 능력으로 하여 너희 믿음이 사람의 지혜에 있지 아니하고 다만 하나님의 능력에 있게 하려 하였노라 고전 2:4-5.

성령은 모든 것 곧 하나님의 깊은 것까지 통달하시느니라 …… 우리가 세상의 영을 받지 아니하고 오직 하나님으로부터 온 영을 받았으니 이는 우리로 하여금 하나님께서 우리에게 은혜로 주신 것들을 알게 하려 하심이라 고전 2:10, 12.

나는 심었고 아볼로는 물을 주었으되 오직 하나님께서 자라나게 하셨나니 그런즉 심는 이나 물 주는 이는 아무 것도 아니로되 오직 자라게 하시는 이는 하나님뿐이니라 고전 3:6-7.

다른 사람의 성장이 우리의 책임이 아니라는 사실에 마음이 놓이는가? 변화를 일으키는 분은 성령이시다. 하나님이 우리에게 요청하시는 일은 성장을 촉진시키기 위한 환경을 만들라는 것뿐이다. 진리의 씨를 심는 것과 그리스도인 공동체의 토양에 새 지도자를 '심는 것', 그리고 지원하는 것이 우리의 일이다. 사람에게 자원을 제공하고, 기도해 주고, 영양을 공급하고, 뿌리를 깊이 내리도록 가르침과 연결시켜 주는 것이다. 믿는 사람의 공동체, 성장 중에 있는 리더들은 우리가 심은 새 지도자를 양육하고 지혜를 주고 상담해 줄 것이다. 말씀의 생수가 성격과 신념, 태도를 조성하면서 변화시켜 갈 것이다. 코치는 기쁨 중에 자신이 심은 나무가 하나님의 은혜로 열매를 맺는 등 성장해 가는 모습을 지켜보면 된다. 자신감을 가지라. 성령께서 당신 안에 역사하신다.

하나님이 당신을 사용하신다는 사실을 잊지 마라

하나님은 당신을 사용하실 것이다. 그러므로 당신이 섬기는 리더들을 위해 일하는 것을 힘들게 생각하지 마라. 처음에는 눈에 잘 띄지 않을지 몰라도 하나님은 당신을 통해 일하심으로써 다른 사람에게 영향을 미치신다. 다음은 하나님이 당신을 이용하시는 방법이다.

본보이기 당신이 무엇을 하는지, 어떻게 하는지가 리더들에게 본보기가 된다. 그러므로 예수님을 닮아 가는 삶을 추구하며 성실성을 유지하라 고전 11:1.

말씀 당신의 말이 다른 사람을 세울 수도 있고 무너뜨릴 수도 있다 약 3장. 성경은 "경우에 합당한 말은 아로새긴 은 쟁반에 금 사과니라" 잠 25:11 고 가르친다.

기도 하나님은 기도의 응답으로 해를 머물게 하시고 비를 내리지 않게 하셨다 수 10:13; 왕상 17:1, 18:41-44. 하나님은 우리가 그분의 뜻대로 기도할 때 행동하고 움직이신다.

경청하기 리더들의 이야기에 공감하고 진심으로 경청할 때, 그들을 교회 조직도 상의 이름이 아니라 사람 대 사람으로 보살핀다는 사실을 보여 줄 수 있다 약 1:19.

공동체에 대한 사랑을 품으라

디트리히 본회퍼Dietrich Bonhoeffer는 "공동체란 그리스도 안에서 나눔을 함께하는 모습"을 의미하는데, 우리가 만들어 내는 어떤 것이 아니라고 했다. 우리는 이 현실에 참여하도록 부르심을 받았다. 고린도전서 12장은 우리가 예수님을 영접하고 그분의 양자가 되는 순간 세례를 받고 한 몸, 한 공동체가 된다고 가르친다. 그런데 우리는 종종 이 사실을 간과한 채 개인적이고 개별적인 구원관을 갖는 경향이 있다. 따라서 새로 그리스도의 제자가 된 사람에게 그 자신이 거룩한 공동체이며, 그리스도의 몸인 교회의 일부분이라는 사실을 가르쳐야 한다. 우리가 소그룹 생활을 권장하고 이를 실천하는 이유는 성도가 개인의 삶이라는 현실을 충실하게 유지해 가면서, 그리스도를 통해 하나님과의 교제를 원활하게 만드는 영역을 찾아 연결시켜 주기 위해서다.

그룹 리더들이 '친교에 전념'할 뿐 아니라 다른 사람에게 공동체가 누리는 선물을 경험시키기 위해 힘쓴다는 사실 때문에 코치는

> 그들이 사도의 가르침을 받아 서로 교제하고 떡을 떼며 오로지 기도하기를 힘쓰니라.
> -행 2:42

그들을 개발하고 지원하는 것이다. 당신이 소그룹을 이끌거나 그 모임에 참여해 왔다면 공동체 생활이 얼마만큼의 만족감을 안겨 주는지 잘 알 것이다. 당신은 이제 소그룹 리더들을 양육하는 목자로서 다른 리더들에게 공동체가 누리는 선물을 주고, 그들이 양육하는 그룹과 그 선물을 함께 나누는 것을 지켜보는 위치에 서 있다.

돌이켜보기

1. 진정한 공동체를 처음 경험한 때는 언제인가? 그 모습이 어땠으며, 어떻게 느꼈는가?
2. 목양하는 사람에게 공동체가 누리는 선물을 이해시키기 위해 당신이 할 수 있는 일은 무엇인가?

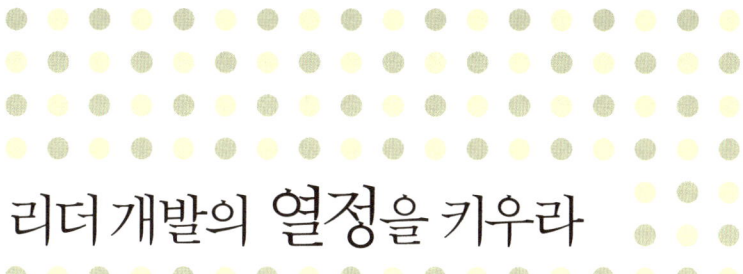

리더 개발의 열정을 키우라

성도의 영적 성장을 돕고 교회 공동체에 연결하는 일을 할 때 가장 중요한 요소는 그들을 그리스도 안에서 양육하며, 안전하고 사랑이 넘치는 장소로 인도할 목자 리더 shepherd-leaders가 준비되었느냐 하는 것이다. 목자 리더들은 소그룹을 리드하라고 부름 받은 사람에게 힘을 불어넣어 주고 지원하는 일을 한다. 그분의 몸인 교회를 통해 역사하시는 예수 그리스도는 세상의 소망이시다. 그리고 교회의 미래는 다른 사람을 성장으로 이끄는 유능한 목자인 리더들의 손에 달려 있다.

사역은 사랑과 같아서 그대로 갖고만 있어서는 가치가 없고, 나누어 줄 때에 비로소 그 가치를 발휘하게 된다. 리더들에게 권능을 부여하고 격려하는 것은 사역을 그들의 손에 맡기고, 그들을 효과적인 목양의 최일선에 위치시키는 일이다. 그것은 재생산의 사역이다. 윌로크릭에서 이 사역을 마크 와이넛 Mark Weinert보다 더 효과적으로 실천하고 모범을 보여 준 사람은 찾아보기 어렵다.

1980년대 마크는 소그룹 사역을 이끌면서 코치와 리더 모두에게 온갖 정성을 쏟아부었다. 그리고 1992년에 스태프 자리를 떠나 우리가 속해 있는 위원회로 자리를 옮기고 현장에 뛰어들었다. 제자훈련은 마크의 지위에서 비롯된 것이 아니라 생활방식이었다. 보수가 어디서 나오느냐는 그에게 문제가 되지 않았다. 그는 단지 사람에게 투자했고, 오늘날까지 그 사실엔 변함이 없다.

1992년 우리는 교회 스태프를 위한 노력에 감사하고 치하하기 위해 그를 회중 앞에 세웠다. 그때 그의 사역이 얼마나 큰 영향력을 미쳤는지 확인할 수 있었다. 우리는 소그룹이든, 일대일이든 마크에게 훈련받은 성도를 모두 일어서도록 했다. 그러자 열다섯 사람이 일어섰다. 그리고 나머지 성도에게 일어선 사람을 주의 깊게 보도록 했다. "지금 일어난 사람을 통해 훈련받은 성도는 다 일어나 보세요." 40~50명이 더 일어섰다. 정말 인상적인 장면이 아닐 수 없었다. 그리고 마지막으로 요청했다. "방금 일어선 사람에게 훈련받은 성도가 있다면 자리에서 일어나십시오." 그때 최소한 200명 정도가 일어섰는데, 이는 3대에 걸친 리더십과 제자훈련의 열매였다. 그중 많은 사람이 변함없이 소그룹 리더나 코치로 일하고 있었다. 모든 성도가 그 광경에 깊은 감명을 받았다. 마크는 개인적으로 잘 알지 못하는 사람까지 그렇게 많이 일어서는 것을 보고 놀라움을 금치 못했다.

한 사람의 삶을 통해 일하시는 하나님의 능력은 파급 효과를 통해 각각의 리더십 세대에서 열매를 재생산시킨다. 코치가 리더들을 개발하고 지원하는 데 열정을 쏟아부을 때, 그 리더는 자신이 이끄는 소그룹에 속한 사람의 삶에 영향력을 미치게 된다. 사역이 계속되는 동안 조용한 호수에 돌을 던졌을 때 처음 시작한 곳으로부터 퍼져 나가는 파문처럼 멀리멀리 퍼져 나간다. 이처럼 코칭 사역은 믿기 어려울 만큼의 놀라운 기회와 잠재력을 갖고 있다.

코치는 리더의 삶에 영향을 미친다

삶에 변화를 주기 위해 코치는 두 가지 중요한 방법으로 소그룹 리더들을 돕는다.

1. 코치는 리더들에게 리더십과 소그룹 공동체에 대한 기대를 명확하게 정의해 준다.
2. 코치는 리더들의 개발과 발전을 위해 든든한 지원과 책임 수준을 설정해 준다.

그룹 리더는 소그룹을 이끌면서 자기 사역이 효과적인지 아닌지 분별하지 못하는 경우가 많다. 인간 개발은 힘든 작업으로 그들이 기울이는 노력의 열매가 몇 주, 몇 달, 심지어 몇 년이 지나도 눈에 보이지 않을 수도 있다. 진정한 성공의 정의는 무엇이며, 그들이 사역을 이끄는 과정에서 필요한 지원과 보살핌을 누가 제공해 줄 것인지 아는 것은 리더들에게 더없이 중요한 일이다.

> 또 네가 많은 증인 앞에서 내게 들은 바를 충성된 사람들에게 부탁하라 그들이 또 다른 사람들을 가르칠 수 있으리라.
> -딤후 2:2

코치-리더 관계의 기대치를 설정하라

리더가 코치에게 기대하는 것은 무엇인가?
1. 지원과 보살핌
2. 직위가 아닌, 사람에게 초점 맞추기
3. 신뢰할 수 있는 환경 조성

코치가 리더에게 기대하는 것은 무엇인가?
1. 리더로서의 책임 완수
2. 진실한 커뮤니케이션
3. 겸손하고 가르침을 받으려는 정신 자세

Develop the Heart of a Shepherd

목자의 마음을 기르라

성경은 목자를 적극적이며 마음을 끄는 사람으로 묘사한다. 하나님은 주요 성경구절을 통해 목자의 특징을 설명하고 계신다.

시편 23편에서 목자는,
- 쉼과 영혼의 소생으로 인도한다.
- 어려움을 당할 때 위로하고 마음을 편안하게 해준다.
- 삶의 수단을 제공한다.
- 하나님의 임재를 확신시켜 준다.

에스겔 34장 11-16절에서 목자는,
- 양을 쉼터로 인도한다.
- 양에게 꼴을 먹인다.
- 잃어버린 자를 찾는다.
- 쫓기는 자를 돌아오게 한다.

- 약한 자를 싸매 준다.

요한복음 10장 7-18절에서 목자는,
- 피난처를 제공한다.
- 양을 위하여 희생할 각오가 되어 있다.
- 양으로 생명을 얻게 하고, 더 풍성히 얻게 한다.

앞에서 언급한 내용은 목자의 속성을 모두 담은 것이 아니다. 또한 위압감을 주려는 의도를 갖고 있지도 않다. 이것은 진정한 목자의 마음이 어떤 것인지에 대한 통찰력을 제공하는데, 리더들을 격려하고 지원할 때 무엇에 집중해야 하는지를 가르쳐 준다.

데비 바이스Debbie Beise 만큼 앞에서 열거한 속성을 고루 갖춘 사람도 드물다. 그녀는 리더들을 사랑하는 큰 마음을 가졌다는 점에서 훌륭한 코치였다. 코치가 일반적으로 4~6주마다 한 번씩 리더와 만나는 반면에 데비는 매주 만났는데 리더가 원했기 때문이다! 간암으로 고통을 겪는 중에도 그녀는 용기를 갖고 리더들을 위해 헌신했다. 리더들 중에는 심각한 도전에 직면해 있거나, 보살핌과 지원을 필요로 하는 사람이 많다.

추가적으로 고려해야 할 몇 가지 절차

당신의 비전, 열정, 사랑을 개발하기 위해 필요한 일

1. 현재 사역 중인 코치나 리더들을 양육한 경험을 가진 리더를 가까이 하라 (예를 들어 교회 스태프 멤버). 그들이 어떻게 성도를 지도하는지 지켜보고 나서 도움이 필요한지 물어보라.
2. 목자의 마음을 주시도록 하나님께 기도하라.
3. 당신이 아는 리더 한 사람에게 특별히 관심을 갖고, 그가 이끄는 그룹을 섬기기 위해 기도하라. 그리고 그 리더를 찾아가서 무엇이 필요한지 알아보고, 어떤 방법으로 도울 것인지 길을 모색하라.
4. 목양에 대한 성경구절을 주의 깊게 읽고 성령의 가르침을 구하라. 리더들을 보살피는 과정에서 소홀한 영역이 있는가? 당신이 양육하는 양을 알기 위해서 어떻게 하는가? 그 자신과 그들의 필요를 알아내는 데 적합한 방법으로 어떤 것이 있는가?
5. 선한 목자라고 생각되는 다른 리더들과 함께 시간을 보내라.

part 3   코치의 주요 실천 원리

밥은 몇 년 동안 소그룹 리더들을 위한 코치로 헌신했다. 그는 하나님을 사랑하고, 자신에게 코치 받는 사람과 함께 시간 보내는 것을 좋아했다. 리더들은 밥과 친밀한 관계를 유지하는 것처럼 보였다. 그런데 밥과 그가 섬기는 리더들이 실의에 빠졌다. 뭔가 일이 잘못된 것이다. 그룹은 성장하지 않고, 리더들은 자질이 부족하다고 느꼈으며, 밥은 코치 사역을 그만둘까 생각 중이다.

메리의 그룹은 활발하게 성장하는 중이다. 그녀는 매주 삶의 변화에 대한 이야기를 접한다. 메리가 담당하는 리더들, 그들이 맡은 그룹이 이 같은 이야기를 전해 준 것이다. 갈등과 문제가 발생해도 그룹 성장에는 지장을 초래하지 않는다. 그녀가 섬기는 리더들은 함께 모이는 시간을 기다린다. 메리야말로 코칭의 상징처럼 보인다.

밥과 메리의 코칭에 무슨 차이가 있는 걸까? 무슨 이유로 한쪽은 성공적이고, 다른 쪽은 그렇지 못한가? 그 차이는 주로 코치가 일상적으로 실천하는 몇 가지 기술로 압축된다. 여기서 코치의 네 가지 주요 실천 원리를 살펴보고, 어떻게 그것을 사용하여 사역을 성장으로 이끌 수 있는지 알아보려고 한다.

사역의 큰 그림을 그리라

다음 그림에 나오는 네 가지 주요 실천 원리가 코치의 효율성을 결정하기도 한다. 그러나 실천 원리를 마스터할 필요가 없다는 사실을 마음에 새겨 두기 바란다. 또한 그것을 숙달하는 것이 코치가 되기 위한 선결 조건도 아니다. 사역을 진행하는 과정에서 이 네 가지를 모두 익히고 개발하면 된다.

실제로 사람에 따라서 어떤 실천 원리에는 강하고 어떤 실천 원리에는 약할 수도 있다. 다만 각 영역에서 꾸준히 발전해 나가는 것이 사역을 효율적으로 이끌기 위한 필요 조건이다.

코치의 주요 실천 원리를 하나하나 자세히 살펴보기 전에 그림을 통해 단계별로 구분해 보라.

무장시키기: 기술을 개발한다

리더가 주요 기술을 개발해 그룹 멤버의 현실적 필요에 좀 더 효과적으로 대처하도록 한다.

성도를 온전하게 하여 봉사의 일을 하게 하며 그리스도의 몸을 세우려 하심이라 엡 4:12.

꿈 심어 주기: 함께 꿈을 꾼다

리더들과 함께 소그룹이 그룹 멤버에게, 교회에, 지역에 미칠 영향력을 생각해 본다.

소원이 이루어지는 것은 곧 생명 나무니라 잠 13:12.

가이드하기: 의도적으로 목양한다

리더 각자가 영적 성장의 다음 단계를 발견하고 실천하도록 돕는다.

범사에 오래 참음과 가르침으로 경책하며 경계하며 권하라 딤후 4:2.

본보이기: 그리스도의 형상을 추구한다

온전히 헌신된 삶 속에서 성장하는 모습을 보여 준다.

내가 그리스도를 본받는 자가 된 것 같이 너희는 나를 본받는 자가 되라 고전 11:1.

이들 능력은 마치 계단처럼 한 단계씩 단계별로 구비된다. 코칭 관계는 하나님을 경외하는 삶의 본보기를 보이는 것에서 시작된다. 다른 모든 실천 원리는 이것에 기초를 둔다.

모범을 보이고 나서 가이드하기의 실행으로 들어가지만, 그렇다고 해서 본보이기의 삶을 그만두는 것은 절대 아니다. 한 단계라도 건너뛰거나 포기하면 문제가 발생한다. 가이드하기를 생략하고 바로 꿈 심어 주기나 무장시키기로 넘어간다면 코칭 관계가 중간 관리 정도로 느껴질 것이다.

이 절차는 리더와 코치 사이의 신뢰가 쌓이면서 꿈 심어 주기와 무장시키기로 이동하게 된다. 지금부터는 각 단계를 하나씩 자세히 살펴보도록 하겠다.

Key Practice 1: Modeling: Pursue Christ-likeness

주요 실천 원리 1

본보이기: 그리스도를 닮은 삶을 추구하라

코치가 하나님을 경외하는 삶, 그리스도가 중심이 되는 삶을 살도록 동기부여를 하는 최선의 방법은 삶을 통해 본보기가 되는 것이다. "이 직분이 비방을 받지 않게 하려고 무엇에든지 아무에게도 거리끼지 않게 하고"^{고후 6:3}. 교만이나 불손함 없이 하나님이 기대하시는 삶을 사는 것이다.

예수님은 본보이기가 제대로 이루어질 때 제자가 궁극적으로 선생같이 된다고 가르치셨고^{눅 6:40}, 리더십 연구가들은 이것이 사실임을 증명했다. 그들은 지도받는 사람이 대략 36개월이면 지도하는 사람과 아주 비슷해진다고 증언한다. 사랑하는 선생은 사랑하는 제자를 탄생시킨다. 항상 기쁨이 충만

> 리더는 훌륭한 기질이나 은사로 이끌어 가는 것이 아니다. 예수님을 닮은 감동적인 삶을 통해 다른 사람이 저절로 따를 수밖에 없도록 만드는 것이다. 사람은 그런 사람을 통해 그리스도께 나아가게 된다.
> — 조지프 스토웰 Joseph Stowell, 『21세기의 목회 Shepherding the Church into the Twenty-First Century』

한 선생은 대체로 기쁨이 가득한 제자를 만들어 낸다.

선생이 본을 보이는 가치나 실천 원리가 좋든 나쁘든 간에 닮아 간다는 것이 이 원리가 갖는 엄연한 현실이다. 따라서 리더들에게 올바른 생활 패턴을 보여 주는 것이 중요하다.

본보이기는 얼핏 거만하고 무례하게 보이기 쉽다. '나 같은 사람이 어떻게 그리스도를 닮은 삶을 살면서 다른 사람에게 본받으라고 말할 수 있단 말인가?' 라고 생각한다는 말이다.

그러나 바울은 여러 차례 자기를 본받으라고 권고했으며, 거기에 그치지 않고 명령하기까지 했다. 각기 다른 세 교회를 향한 바울의 코칭을 살펴보자.

- 그러므로 내가 너희에게 권하노니 너희는 나를 본받는 자가 되라 고전 4:16, 11:1.
- 형제들아 너희는 함께 나를 본받으라 빌 3:17.
- 어떻게 우리를 본받아야 할지를 너희가 스스로 아나니 살후 3:7.

바울은 그가 코치한 두 젊은이 디모데와 디도에게 자신의 삶을 투자했다. 그들에게 자신을 본받고, 그들이 보살피는 다른 사람에게 그리스도인으로서 삶의 본보기가 되라고 권고했다 딤전 4:12; 딛 2:7.

그럼에도 사도행전을 훑어보면 바울이 천사가 아니었다는 사실을 발견하게 된다. 결점과 단점을 가진 우리와 똑같은 인간이었다. 그러면 우리의 영적인 현실과 다른 사람에게 우리를 본받도록 하는 것 사이에 존재하는 긴장을 바울은 어떻게 해소했으며, 우리 또한 그것을 어떻게 해소해야 하는가?

바로 거짓 없는 삶을 보여 주는 것이다. 우리를 통해 현재 하나님이 하고 계신 일을 나눔으로써 그 긴장감을 해소한다. 본을 보인다는 주요 실천 원리는 완전한 삶을 의미하지 않는다. 바울은 빌립보에 있는 그리스도인에게 자신을 본받으라고 하면서도 자신의 약함을 고백했다. "내가 이미 얻었다 함도 아니요 온전히 이루었다 함도 아니라 오직 내가 그리스도 예수께 잡힌 바 된 그것을 잡으려고 달려가노라 형제들아 나는 아직 내가 잡은 줄로 여기지 아니하고 오직 한 일 즉 뒤에 있는 것은 잊어버리고 앞에 있는 것을 잡으려고"빌 3:12-13.

> 사람은 보는 대로 따라한다. 본보이기는 모든 진정한 리더십의 기초를 제공한다. 따라서 리더는 그를 따르는 사람의 본보기가 되어야 한다.
> ─ 존 맥스웰John Maxwell, 『영적 역할 모델 되기 Becoming a Spiritual Role Model』

훌륭한 코치는 여기서부터 시작된다. 하나님의 부르심에 합당한, 진실한 삶을 보여 주는 것이다.

일반적인 오류

코치는 흔히들 자신의 삶과 본보이기가 소그룹 리더들에게 미치는 영향을 과소평가하는데, 당신은 그들에게 본보기가 되어야 한다. 당신이 무엇을 하고, 어떻게 살아가는지가 큰 영향력을 갖는다. 그것이 바울이 디모데에게 "오직 말과 행실과 사랑과 믿음과 정절에 있어서 믿는 자에게 본이 되어"딤전 4:12라고 가르친 이유다. 바울은 그리스도인으로서 삶의 원리는 가르치는 데서 그치지 않고, 본을 보여야 한다는 사실을 알았다. 지식과 능력이 본보기가 되는 삶과 어우러질 때 당신이 섬기는 소그룹 리더들한테서 변화의 효과를 기대할 수 있다.

성령 충만한 리더십의 본을 보이라

초대교회가 새로운 리더를 필요로 할 때 그들은 심혈을 기울여 열심히 기도한 다음에 믿는 사람 중에서 일정한 자격 요건을 갖춘 사람을 선출했다. 즉 하나님의 말씀에 기초한 확고한 믿음을 가졌고, 훌륭한 성품으로 다른 사람한테서 칭찬을 받으며, 성령과 지혜가 충만한 사람을 뽑았다 행 6:1-7. 이들의 삶과 사역을 살펴보면 정말 성령 충만한 사람이었다는 사실을 쉽게 알 수 있다.

코치의 삶과 리더십은 이런 자질을 보여 주어야 한다. 소그룹 리더들을 코치하려면 말씀의 지혜와 성령의 권능에 의존해야 한다. 코치는 자신의 힘이나 능력만 갖고 성공적으로 사역을 이끌 수 없다. 오직 하나님의 성령이 주시는 힘과 능력을 통해서만 사역을 감당하게 된다 슥 4:6.

우리는 자신의 재능, 능력, 경험에 의존하고 싶다는 유혹을 받기도 한다. 물론 이것이 코치를 하는 데 많은 도움을 주긴 하지만 그것만으로는 충분치 않다. 성령 없는 리더십은 결국 자원 고갈에 직면하게 된다. 그 결과 수많은 도전에 대응하지 못하게 되고, 자신이 섬기는 리더들을 위한 성장 기회를 지나쳐 버릴 수도 있다.

코치는 예수님을 본받고, 성령의 도우심을 받아 사는 법을 배우고 지도해야 한다. 또한 그분께서 당신의 사역을 이끄시도록 해야 한다.

영적 적합성의 본을 보이라

미국 사람은 건강 문제에 관심이 많다. 클럽 멤버십이나 가정에서 사용하는 헬스 기구, 운동복 등 체력 단련을 위한 경비로 해마다 수십억 달러를 소비할 정도다. 코치도 이 정도의 열성과 에너지를 갖고 영적 체력 단련을 해야 한다.

> 위대한 사도 바울은 내적 삶을 잘못 관리하면 자신이 넘어질 뿐 아니라 사도로서 그토록 노력해 온 모든 것에 악영향을 미칠 수 있다는 사실을 늘 의식하면서 살았다.
> ―새뮤얼 리마 Samuel Rima, 『셀프 리더십 Leading from the Inside Out』 (생명의말씀사, 2003)

코치가 되고자 한다면 후견인인 디모데에게 한 바울의 충고에 귀 기울일 필요가 있다. "네가 네 자신과 가르침을 살펴 이 일을 계속하라" 딤전 4:16. 시간을 투자해서 활기차고, 건강하고, 성장하는 영적 삶을 개발해야 한다.

당신의 영적 삶은 사역을 세워 나가는 기초가 된다. 그리스도와의 관계가 어떤지, 양육하는 리더들에게 어떤 식으로 삶의 본을 보여야 하는지 세심하게 주의를 기울여야 한다. 나머지 세 가지 실행 원리가 얼마나 성공하느냐는 당신이 본보이기의 기초를 얼마나 잘 쌓느냐에 달려 있다.

코치로 일하는 동안 많은 시간을 사람과의 관계 형성에 쏟아붓게 된다. 주고 나누고 이끌고 가르치고 안내하고 꿈을 심어 주고 무장시키고 목양하는 데 많은 시간을 사용하게 된다. 따라서 정기적으로 하나님과 일대일로 만나서 영적 충전을 하는 시간을 따로 떼어 놓아야 한다. 다음 몇 가지 영적 원리는 지속적인 영적 체력 단련의 열쇠가 된다.

성경공부

유능한 목자인 유진 피터슨 Eugene Peterson은 과거에 사역하면서 가장 게을리했던 것 두 가지가 기도와 성경읽기였다고 고백했다. 그러나 이 두 가지가 뒷받침되지 않으면 리더 개인의 성장은 정체되고 만다.

다윗은 시편 19편 7-9절에서 하나님 말씀이 다음과 같은 역할을 한다고 가르친다.

- 영혼을 소성시킨다.
- 우둔한 자를 지혜롭게 한다.
- 마음을 기쁘게 한다.
- 눈을 밝게 한다.

과연 이것이 필요하지 않은 코치가 있겠는가! 그러면 영혼의 굶주림을 해결하고 자라게 하기 위해 어떻게 성경을 읽어야 할까? 혼자 성경공부를 한다는 것은 하나님과 함께 시간을 보내고 그분과의 관계를 설정하고 키워 나가는 것을 의미하는데, 이것이 바로 핵심이다. 서두르지 않아도 되는 시간을 따로 떼어 하나님 말씀으로 마음을 씻어야 한다.

그리스도와 함께 시간을 보내도록 삶을 조정하는 일이 쉽지는 않다. 바쁜 스케줄을 소화해 내야 할 때 가장 먼저 희생되는 것이 하나님과 보내는 시간이기가 쉽다. 그리스도와 더 깊은 관계에 들어가기 위해서는 그분과 함께하는 시간을 마련하는 데 최선을 다해야 한다.

혼자 성경공부를 할 때 다음 지침을 참고하라.

1. 하나님과 약속하라. PDA나 캘린더에 하나님을 만날 시간과 장소를 기록하는 것이 도움이 된다면 그렇게 하라.
2. 방해받지 않는 조용한 장소를 찾으라.
3. 잠시 심호흡을 가다듬고, 이미 끝낸 일이든 예정된 일이든 당신이 담당하는 행사와 활동에 동요하지 말고 마음을 차분히 가라앉히라.

4. "오늘 말씀을 통해 주님의 음성을 들려주옵소서. 제가 듣겠습니다"라는 간단한 기도로 시작하라.
5. 초점이 하나님과 당신의 일대일 관계에 맞춰져야 한다는 점을 기억하라. 리더들에게 들려줄 말씀을 찾고 싶다는 유혹을 이겨 내라. 하나님이 당신을 채우시고 당신에게 말씀하시도록 하라.
6. 천천히 읽으라. 진리가 당신 마음속에 스며들 정도의 여유를 가지라. 한 구절, 한 단락에 마음이 끌리면 읽기를 멈추고 그 말씀이 당신의 삶에 주는 의미가 무엇인지 생각하거나 묵상하라.

기도

예수님의 삶에서 기도는 일상생활이었다. 마가는 "새벽 아직도 밝기 전에 예수께서 일어나 나가 한적한 곳으로 가사 거기서 기도하시더니"막 1:35라고 기록했다.

하나님과의 일상적인 교제는 그리스도께 힘과 안위의 원천이었고 길잡이가 되어 주었다. 그분은 사역이 성공적으로 끝났을 때막 1:35, 어려운 도전을 앞두었을 때요 17장, 중요한 결정을 내려야 할 때눅 6:12-13 항상 기도로 시간을 보내셨다. 예수님은 쉬지 않고 기도하셨다고 해도 과언이 아니다살전 5:17.

기도는 코치에게도 힘과 안위의 원천이 되고, 길잡이가 되어 준다. 정기적인 기도 시간을 마련해서 다음 사항을 놓고 하나님과 대화를 나눠 보라.

- 당신의 영성 개발: 당신 성장의 한계는 무엇인가? 당신을 끊임없이 넘어지게 하는 갈등과 죄는 무엇인가? 최근 기억에 남는 영적

성장의 성과는 무엇인가?
- 하나님의 가이드하기와 지도가 필요한 영역
- 담당하고 있는 리더들의 영적 성장
- 당신과 리더들의 필요와 과제, 그리고 문제

예배

정기적으로 회중과 함께하는 예배에 참석하시는 것이 예수님의 일상이었다 눅 4:16. 예배는 하나님께 그분의 이름에 합당한 영광을 돌리고 찬양할 기회를 제공한다 시 29:2. 개인적으로, 또는 회중과 함께 드리는 예배는 다른 어떤 영적 훈련보다 영혼을 풍성하게 만들어 준다. 우리의 마음 자세가 바르면 의무를 다하기 위해서가 아니라 기쁨으로 여호와를 섬기며 노래하면서 예배에 참석하게 된다 시 100:2. 믿는 사람은 예배를 통해 하나님 뵙기를 갈망해야 한다 시 42편.

코치는 최소한 자기 교회의 정기 예배에는 참석해야 한다. 뿐만 아니라 그 이상의 다른 예배 환경도 마련해야 한다. 가능한 방법으로 다음과 같은 것이 있다.

- 매일 출퇴근 시간을 이용해 예배 음악 듣기
- 소그룹 멤버와 함께 예배드리기
- 리더십 모임을 예배로 시작하고 예배로 마치기
- QT의 일부로 예배드리기

> 예수님은 혼자 살거나, 여행하거나, 일하시지 않았지만 때로는 혼자만의 시간을 갖기도 하셨다. 그것은 기도와 묵상, 시험을 위한 시간이었으며 하나님과 천사의 보살핌을 받는 시간이기도 했다. 예수님이 이끄시는 지상 공동체가 하나님의 아들인 그분과의 연계성을 반영하도록 하늘나라 공동체에 투자하시는 시간이었다.
> —개러스 아이스노글Gareth Icenogle, 『성경적 기초Biblical Foundations for Small Group Ministry』(SFC 출판부, 2007)

혼자만의 시간(Solitude)

케네스 보아Kenneth Boa에 따르면 혼자만의 시간은 간단히 말해 "다른 사람과 격리된 채 차분하게 통찰력, 목적, 깊이 그리고 결단을 추구하는 시간"을 말한다.

성경에 보면 예수님도 정기적으로 혼자만의 시간을 가지셨음을 알 수 있다. 그리하여 일상이 주는 압박과 소음, 혼란을 피하셨던 것이다. 그것은 하나님과의 깊은 만남을 가능하게 했고, 그분의 사역이 이기적인 욕망이나 세상적인 기대감이 아닌 성령에 이끌리는 사역이 되게 했다.

흔히 묵상 훈련과 연결해 실시하는 혼자만의 시간은 우리를 차분하게 만들어 주고, 예수님이 우리 삶과 사역에 임재하시도록 여유를 제공해 준다. 또한 그 시간은 "여호와여 나를 살피시고 시험하사 내 뜻과 내 양심을 단련하소서 주의 인자하심이 내 목전에 있나이다 내가 주의 진리 중에 행하여"시 26:2-3라고 기도한 다윗처럼 진실한 기도를 드릴 수 있는 기회다.

혼자만의 시간은 하나님의 음성에 귀 기울일 공간을 만들어 준다. 하나님은 낮은 음성으로 말씀하시는 경우가 많다. 그래서 소음이 지나치거나 주의가 분산되면 하나님의 음성을 듣지 못할 때도 있다.

매일의 삶 속에서 출퇴근 시간, 또는 점심시간 등에 혼자만의 시간을 만들어 보라. 이때를 이용해 혼자만의 시간을 직접 체험해 보라. 조용히 묵상하면서 하나님과 단 둘이 만나는 시간을 가지라.

혼자만의 시간이 길어질수록 더 많은 계획이 필요해진다. 당신의 캘린더를 점검하고, 가능하다면 하루쯤 긴 시간을 배정하라. 월별 또는 분기별로 이런 시간을 가질 때 그리스도와의 만남이 깊어지고, 삶과 사역에서 열매를 맺게 될 것이다.

공동체에 적극 참여하는 본을 보이라

코치의 적극적인 소그룹 공동체 참여는 대단히 중요한 일이다. 이상하게 들릴지 모르지만 코치가 리더들을 멘토링하고 소그룹을 만드는 일에 지나치게 몰두한 나머지 더는 소그룹에 참여하지 않는 경우가 많다.

코치가 공동체에 적극적으로 참여하여 본을 보여야 하는 것은 다음 두 가지 이유 때문이다.

- 공동체를 만드는 사람이 공동체 속에 머무는 것은 성실성의 기본이다. 당신이 직접 비전을 실천하지 않으면서 공동체를 위한 신뢰성 있는 비전을 제시한다는 것은 힘든 일이다.
- 공동체와의 연결은 코치 자신의 영적 건강을 위해 절대적으로 필요하다.

많은 코치가 코칭에 필요한 시간을 이유로 소그룹 안에서의 리더십 역할을 내려놓는 것을 보게 된다. 그들이 알고 알려지고, 사랑하고 사랑받고, 섬기고 섬김을 받고, 격려하고 격려를 받는 공동체를 떠난다면 코치가 다른 어떤 곳에서 공동체를 발견할 것인가 하는 중요한 문제가 발생한다.

일부 코치는 리더 역할을 하기도 하고 멤버로 섬기기도 하면서 현재 참여하는 소그룹에서만 맴돌기도 한다. 하지만 한 그룹에 머물러 있는 것은 적절한 선택이 아니다. 새 그룹을 찾아야 한다. '소그룹 전문가'가 아닌 그룹 멤버로 참여할 수 있는 소그룹을 찾아야 한다.

코치와 리더들은 공동체를 향해 동일한 꿈과 비전을 갖기 때문에 리더십 그룹 토의가 깊은 인간적·영적 관계의 장이 되는 경우가 많다(리더십 그룹 토의에 대한 자세한 설명은 파트 4. '코치의 공구상자' 참조). 모든 소그룹이 그렇듯 이 공동체가 발전하기 위해서는 시간과 함께 강한 의지가 필요하다. 당신의 그룹 토의 모임이 공동체로 기능하기를 바란다면 그에 걸맞게 공동체를 이끌어야 한다.

당신이 출석하는 교회의 구조에 따라 코치들이 모여 비전을 나누고 훈련할 때 공동체의 필요가 충족되는 것을 발견하기도 한다. 하지만 공동체의 필요 충족을 위해서는 이들 리더십 그룹 토의 모임이 비즈니스 모임과 같은 모습이 되어서는 안 된다.

코치의 역할에 참여할 때 새로운 타입의 공동체를 모색하기 위한 기회를 얻을 수 있다. 또한 영적 멘토나 친구와 함께 공동체 추진을 시도해 볼 수도 있다.

점검하기

삶은 너무 쉽사리 틀에 박히고, 우리의 영성 훈련도 그 일부가 되어 버린다. 이것을 어떻게 깨뜨릴 것인가? 여기서 잠시 시간을 갖고 다음 질문을 묵상하면서 당신의 영적 상태를 평가해 보기 바란다.

성령 충만한 리더십
1. 지난 6개월을 돌이켜 보라. 스가랴 4장 6절 말씀에 비춰 봤을 때 당신의 리더십은 성령보다 힘이나 능력에 더 지배받지 않았는가?
2. 영적 리더십을 향해 전진하기 위해 당신이 취해야 할 단계는 무엇인가?

영적 체력
1. 현재 당신의 영적 상태는 건강한 상태인가, 아니면 연약한 상태인가?
2. 앞에서 말한 네 가지 원리(성경공부, 기도, 예배, 혼자만의 시간) 중 하나님은 어떤 것을 추구하기를, 아니면 집중하기를 요청하시는가?
3. 그 원리를 추구하고 집중하는 일을 어떻게 시작하겠는가?

공동체
1. 공동체의 누구와 어디서 만나는가?
2. 그 환경에서 더 깊은 수준의 공동체로 이동하기 위해 당신이 취할 수 있는 단계는 무엇인가?

피드백
1. 당신에 대해 잘 알고 있으며, 이런 훈련 영역에서 헌신하는 당신에게 진실을 이야기해 줄 수 있는 사람은 누구인가? (다음 빈칸에 그들의 명단을 작성해 보라.)
2. 언제 그들 중 한 사람 또는 그 이상의 사람을 만나서 그들의 관점을 파악하겠는가?

주요 실천 원리 2

가이드하기: 의도적으로 목양하라

당신이 섬기는 대부분의 리더는 자기 그룹에 대한 비전을 가졌을 것이다. 그들의 머릿속에는 자신이 맡은 그룹을 어디로 이끌고 갈 것인지에 대한 그림이 담겨 있다. 어떤 사람은 매크로 수준의 비전을 가진다. 이는 사람에게 하나님, 그리고 다른 멤버와 어떤 식으로 더 깊은 관계를 갖을 것인가 하는 일반적인 개념을 말한다. 또한 좀 더 마이크로 수준의 비전을 가진 사람도 있다. 이는 그룹 멤버 각자에 대한 구체적인 성장 계획을 말한다.

당신이 섬기는 대부분의 리더는 자발적으로 움직인다. 그들은 공동체에 대한 열정을 가졌으며, 그 열정에 이끌려 관계를 쌓고 그룹을 이끌어 간다. 자력으로 시작하고, 자력으로 유지해 나가는 사람이다.

리더들에게 필요한 것은 가이드하기다. 즉 그들의 목표를 정의하고, 비전의 날을 날카롭게 해줄 수 있는 사람이 필요하다. 사도 바울은 디모데와 실라 두 사람을 가이드해서 리더 훈련을 시켰다. 신약성경에 19번씩이나 언급된 것을 보면 그들의 관계가 얼마나 강하고 실제적이었는지 짐작할 수 있다.

그들이 아시아 사역을 시작한 데는 바울의 역할이 컸다. 그들의 사역 전반에 바울이 목양한 흔적이 곳곳에 나타난다. 바울한테서 세심한 가이드를 받았기에 디모데와 실라는 엄청난 사역 성과를 올리게 되었다.

새로 훈련받고 임명된 리더에게는 그들을 가이드해 줄 코치가 필요하다. 자신의 말에 귀 기울여 주고, 그들을 통해 의도적으로 하나님의 일을 개척해 갈 누군가가 필요하다. 영적 성장의 다음 단계를 찾아내고 실천하면서 리더십을 개발하도록 도와줄 사람이 필요하다. 의도적으로 그들을 목양해 줄 누군가를 필요로 한다.

소그룹 리더들의 가이드 역할을 맡을 때 염려와 두려움에서 해방될 수 있는 방법은 다음과 같다.

- **리더십에 관한 질문에 답변하지 못하면 어떻게 해야 하는가?** 그룹 생활에 대한 모든 질문에 답할 수 있는 코치는 없다. 모른다는 사실을 분명히 인정하고 함께 해결책을 찾으면 된다.

- **나도 헤매는데 어떻게 영적 가이드 역할을 하겠는가?** 코치가 영적 거물인 경우는 극히 드물다. 뛰어난 자질을 가진 목자는 단순히 경험을 통해 얻은 지혜를 말해 주는 식으로 상담을 진행한다. 그들은 해답을 모르면 도움을 구할 것이다.

- **가이드 역할을 얼마나 오래 해야 하는가?** 한 리더를 믿기 시작한 순간부터 죽을 때까지 가이드하는 사람은 없다. 전 과정 중의 한 단계, 한 기간을 맡는 것이 보통이다.

- 리더가 영적 성장이나 개발을 원치 않는다면 어떻게 해야 하는가? 당신 자신의 영성 개발 외에는 다른 어떤 사람의 영성도 책임질 수가 없다. 코치가 사람을 성장시키는 것이 아니다. 당신의 책임은 도전을 주고 격려하고 성장 기회를 제공하는 것뿐이다. 성장하고 안 하고는 리더가 걱정할 일이 아니다.
- 내가 해결할 수 없는 심각한 문제가 발생하면 어떻게 해야 하는가? 당신은 가이드로 부름 받은 것이지, 상담자로 부름 받은 것이 아니라는 사실을 명심하라. 어느 시점에서 관련 스태프 멤버나 카운슬러에게 보고하는 것이 적절한지 알고 있으면 된다.
- 섬기는 리더들의 영적 지도자로 부름 받은 것이 확실한가? 당신의 역할은 영적 지도자라기보다 영적 친구에 가깝다.

일반적인 오류

코치는 그들이 섬기는 리더들 사이에 공동체를 형성할 필요가 있다는 사실을 쉽게 잊어버린다. 성급하게 꿈 심어 주기와 리더로서 무장시키기로 이동한다. 이것이 꼭 필요한 단계임은 틀림없지만(이는 주요 실천 원리 중 두 가지로 다음 단계에 해당함), 코치와 리더 관계에서 강조하는 것은 너무 빠르다.

그렇게 된다면 리더들은 가이드가 아니라 매니저나 지휘자를 만났다는 느낌을 받게 될 것이다. 매니저는 목표를 점검하고, 절차에 대한 평가와 보상을 맡는다. 그런 상황에서

> 나는 선한 목자라 나는 내 양을 알고 양도 나를 아는 것이.
> —요 10:14

그룹 리더들은 자신이 고정 생산품을 가진 다단계 판매회사의 중간 단계에 서 있는 사람과 같다는 생각을 갖게 될 것이다.

가이드 역할을 하는 코치는 자신이 섬기는 리더들을 양육하는 데 큰 가치를 둔다. 리더들이 자신의 힘든 삶을 고백하면서 실패했다는 생각에 부끄러움을 갖지 않아도 되고, 자랑한다는 생각 없이 성공을 축하해 주는 안전한 공동체를 리더들에게 제공한다. 또한 리더들은 그곳에서 자신의 영적 성장과 그룹 리더십의 다음 단계를 찾는다. 가이드는 여정 자체를 최종 목적지만큼 소중하게 생각한다.

강한 관계를 구축하라

예수님은 그분의 사역에서 관계에 최우선순위를 두셨다. 열두 제자와 함께 시간을 보내면서 강한 관계를 구축하셨는데, 이는 처음부터 계획된 것이었다. 다음 성경구절에서 관계 요인을 찾아보라.

막 3:14 예수님은 함께 있으면서 전도하게 한다는 두 가지 목적으로 열두 제자를 부르셨다. 첫 번째 우선순위는 관계, 즉 '함께 있는' be-with 요인이다. 어떤 해석은 이 부분을 '일상적인 동반자 regular companions'로 번역하기도 한다.

요 14:3 예수님은 제자들의 근심을 잠재우기 위해 언젠가 다시 오실 것이라고 말씀한다. 그러면 다시 오시는 목적은 무엇인가? 예수님이 있는 곳에 제자들도 '함께 있게' 하시기 위해서다.

요 15:15   최후의 만찬을 하시면서 예수님은 "이제부터는 너희를 종이라 하지 아니하리니 …… 너희를 친구라 하였노니"라고 말씀하신다.

요 17:24   예수님은 죽음을 몇 시간 앞두고 동산에서 기도하셨다. 그때 예수님의 가장 큰 관심사는 열두 제자가 천국에 '함께 있는' 것이었다.

진정한 관계 형성은 의도적인 리더 목양의 첫 단계다. 리더들은 양육을 받아 변화되고, 보살핌을 받고, 사랑받기를 원한다. 또한 신뢰를 쌓고, 열린 대화를 나누고, 순수한 관계를 형성할 수 있기를 바란다. 그들은 자신을 이끌어 가는 지도자보다 양육해 줄 목자를 필요로 한다.

> 소그룹 멤버 한 사람 한 사람과 개인적인 시간을 갖는 것보다 더 중요한 것은 없다! 그것을 통해 그들의 가치 체계와 각자가 깊이 간직한 필요를 분별할 수 있다. 경우에 따라서는 좀 더 사적인 만남이 각 개인을 통찰하는 데 도움이 되기도 한다.
> ─랄프 네이버Ralph Neighbour, 『셀 리더 가이드Shepherd's Guidebook』(NCD, 2001)

윌로크릭의 경우 시간이 흐를수록 이 원리가 효율적이라는 사실이 증명되고 있다. 우리는 그것을 '리더 양육 비율 feed/lead ratio'이라고 부른다. 리더는 끊임없이 코치의 양육을 소망한다. 하나님과 동행하는 삶, 가정생활, 교회와의 관계를 이해해 줄 코치를 원한다. 개인적인 영적 성장의 다음 단계를 분별하는 데 도움을 줄 사람을 원하는 것이다.

교회 공동체에서 이 사역을 시작한 지 30년이 지났지만 리더들은 지금도 목양을 원한다. 최근에 그룹 리더들을 대상으로 조사한 결과 알게 된 사실이다. 리더들은 목자가 양에 대해 알고 있듯 자신을 알아줄 코치를 원한다.

최소한 초기에는 이런 목양 요구가 코치와 리더 관계의 약 80퍼센트를 차지한다. 나머지 20퍼센트는 비전을 주고 그룹 리더의 역할 수행에 필요한 기술을 제공해 주는 리더십 요인이다. 이 비율은 시간이 흐르면서 바뀌게 된다. 신뢰가 쌓이면서 리더십 요인이 상당 부분 늘어날 수 있지만, 그것으로 인해 목양을 감당할 수 없게 되는 일은 없다.

리더와 관계를 형성하는 데는 많은 시간과 의도적인 노력이 필요하다. 코치는 리더의 인격과 리더로서의 자질을 파악하기 위해 끊임없이 노력해야 한다. 리더와 신뢰관계가 형성되면 더 깊이 있는 질문을 통해서 그들의 사고나 신념, 감정을 알게 된다. 이때 다음과 같은 질문이 도움이 될 것이다.

그들의 영적 여정을 파악하라. 어떻게 예수를 믿게 되었는가? 교회에 나오게 된 경위는 무엇인가? 영적 성장 단계에서 누구에게 가장 큰 영향을 받았는가?

그들의 생활을 파악하라. 그들의 가정은 어떤 상태인가? 결혼식은 어떻게 올렸는가? 슬픔을 당한 적이 있는가? 갈등을 어떻게 풀었는가? 인생의 주요 전환점은 무엇이었는가?

그들의 마음을 이해하라. 그들에게 기쁨을 주는 것은 무엇인가? 슬프게 하는 것은 무엇인가? 그들은 어떤 꿈을 꾸는가?

일대일 만남의 시간을 갖는 것이 관계 형성을 위한 가장 좋은 방법이지만, 리더십 모임에서 리더들과 만나 관계 촉진을 위한 활동을 계획할 수도 있다(파트 4, '코치의 공구상자'에 그런 만남을 잘 활용할 만한 아이디어가 제시되어 있다).

상대방의 말을 경청하라

대화가 일대일 만남의 자리에서 이루어지든, 우연한 만남에서 이루어지든 간에 코치는 다른 사람의 말을 잘 듣는 습관을 길러야 한다. 다음은 리더들을 목양하는 과정에 필요한 지침이다.

- **말하기보다 듣기를 많이 하라.** 상대방의 말을 가로막지 말고, 말 중간에 끼어들어 자기 의견을 관철시키기 위한 기회를 엿보지 마라. "사람마다 듣기는 속히 하고 말하기는 더디 하며 성내기도 더디 하라" 약 1:19.
- **그들의 이야기에 적극 참여하라.** 리더들이 이야기할 때 다음 질문이나 답변을 생각해 내기 위해 골몰하지 마라.
- **분명한 설명을 요구하라.** 그들의 이야기가 불분명할 때 아는 체하지 마라.
- **그들에게 초점을 맞추라.** 그들의 말을 발판 삼아 당신의 경험을 소개하고 싶은 충동을 억제하라. 간혹 당신의 이야기나 경험을 소개하되, 그것이 리더들의 성장에 필요하다고 판단될 때에만 그렇게 하라.

> 상대가 내 말에 귀 기울여 주는 것, 그리고 사랑받는 것은 아주 느낌이 비슷해서 일반적으로 구분하기가 어렵다.
> —데이비드 옥스버거David Augsburger, 『상대의 말을 듣는 것과 상대의 반응에 주의를 기울이기 Caring Enough to Hear and Be Heard』

- **빨리 결론을 내리고 싶은 유혹을 극복하라.** 주의 깊게 듣고 충분히 이해하기 위해 노력하라. "사연을 듣기 전에 대답하는 자는 미련하여 욕을 당하느니라"잠 18:13.
- **그들의 말에 담긴 뜻을 파악하라.** 그들의 신체 언어, 얼굴 표정, 말투, 사용하는 어휘를 주의 깊게 살펴보라. 이들 비언어적 정보를 통해 말로 표현할 수 없는 사고나 감정, 당면한 어려움 등을 파악하는 데 도움을 받기도 한다.
- **양해를 구하고 좀 더 깊은 이야기를 나누라.** 형식적인 대화를 뛰어넘는 질문을 던짐으로써 감정과 의견, 가치를 공유할 기회를 가지라. 자기소개의 단계에서 속마음 털어놓기의 단계로 이동하라.
- **집중하기 어렵다면 솔직하게 말하라.** 누구나 집중이 잘 안 되는 때가 있다. 보통 잘 듣는 것 같지 않으면 누군가 지적하게 마련이다. 그때는 솔직하게 이야기하고 용서를 구하라. 그다음 다시 한 번 이야기해 달라고 부탁하라.

삶을 위로하는 격려자가 되라

그룹을 이끌게 되면 그에 따른 보상을 경험하게 된다. 리더는 다른 사람이 새로운 친구 관계를 형성하도록 돕고, 그 관계가 성숙해 가는 것을 지켜보게 된다. 사람이 그리스도께로 나오고 헌신의 깊이가 더해 가는 것을 지켜보게 된다. 또한 새로운 리더를 개발하여 사역을 맡기기도 한다.

동시에 그룹 리더십은 매우 험난한 길일 수도 있다. 그룹 모임을 위한 기가 막힌 계획이라고 생각했던 것이 완전히 실패로 끝나기도 한다. 멤버가 모임에 나오지 않을 수도 있다. 연장 근무를 해야 하거나, 휴가를 떠나거나, 자녀가 병에 걸려 병원에 입원하기도 한다. 어느 때는 관계의 조

> 코치가 격려하느냐 하지 않느냐에 따라 성공과 실패가 좌우되고, 사역을 지속하는 리더와 포기하는 리더가 생길 수 있다.
> —조엘 코미스키Joel Comiskey, 『셀그룹 폭발을 위한 코칭How to Be a Great Cell Group Coach』(NCD, 2004)

화가 깨져 혼돈이 올 수 있으며, 갈등이 일어나기도 한다. 그룹 멤버가 다른 곳으로 옮겨 가거나 그만둘 수도 있다. 그룹은 새로 태어나기도 하고 사라지기도 한다. 영적으로 성장하는 멤버가 있는가 하면, 정체되는 멤버도 있다.

어려운 시기에 격려가 되는 말 한 마디는 그룹에 머무는 리더와 떠나는 리더에게 다른 의미로 다가갈 수 있다. 분명한 것은 우리 모두가 격려를 필요로 한다는 점이다. 하나님이 그렇게 설계해 놓으셨기 때문이다.

성경 전반에 걸쳐 훌륭한 리더는 삶을 통해 격려가 필요하다는 것을 보여 준다.

- 모세는 하나님의 명령을 받고 수종자인 여호수아를 격려했다 신 1:38, 3:28.
- 히스기야 왕은 여호와를 섬기는 일에 몸을 바치는 사람을 격려했다 대하 30:22.
- 요시야 왕은 이스라엘의 영적 리더들을 격려했다 대하 35:2.
- 교회들을 향한 바울의 서신, 그리고 사역의 많은 부분이 격려였다 행 14:22, 16:40, 20:1-2, 27:36.
- 리더 요셉은 격려하는 일을 잘해서 사도들로부터 바나바라는 새 이름을 얻었다 행 4:36. 이는 원문 그대로 해석하면 '위로의 아들'이

라는 뜻이다. 후에 그가 교회들을 격려함으로써 새 이름에 어울리는 삶을 살았다는 사실을 알 수 있다 행 11:23.

리더들은 바나바 같은 코치를 필요로 한다. 지속적인 영적 성장을 위해서는 격려가 필요하기 때문이다. 이는 정기적으로 격려의 말을 필요로 한다는 것이다. 리더들이 코치에게 가장 많이 기대하는 것은 영적 성장을 이루는 방법이라고 한다. 그러므로 코치는 그들의 신뢰와 양해를 얻어야 한다. 그들의 영적 여정에서 다음 단계를 위해 전문가가 아닌 가이드로서 섬겨야 하며, 정기적으로 그들의 영적 성장 상태를 점검해야 한다.

- 당신의 리더들이 정기적으로 참여하는 훈련이나 실천 사항은 무엇인가?
- 현재 그들은 하나님한테서 멀어져 있지는 않은가? 우리는 때때로 방황하게 마련인데, 하나님께 되돌아가기 위해서는 안내자의 손길과 사랑의 격려가 필요하다.
- 그들이 하나님께서 인도하신다고 느끼는 성장의 다음 단계는 무엇인가? 성장의 한계가 무엇인지 분별하도록 도와주어야 한다.
- 영적 성장의 다음 단계는 무엇이라고 생각하는가? 그들에게 무엇을 하라고 권고하는 대신에 깊이 생각하여 가능한 일을 찾고 나서 다음 목록을 작성해 보라. 어떤 새로운 영성 훈련이나 실천 원리가 그들의 성장에 도움이 되는지 함께 연구해 보라.

그룹 리더들은 영적 성장을 위한 코치의 가이드에서 한 걸음 더 나아가 자기의 리더십에 대한 격려를 필요로 한다. 그들에게 필요한 코치는 다음과 같다.

- 작은 일이라도 잘한 일에는 격려를 아끼지 않는다.
- 힘든 과제나 도전을 해결했을 때는 칭찬을 해준다. 일이 아직 종결되지 않았더라도 리더가 잘한 점을 찾아 내어 진심에서 우러나온 칭찬을 해준다.
- "낙심하지 말지니 포기하지 아니하면 때가 이르매 거두리라" 갈 6:9 는 성경말씀을 통해 어려울 때 인내하고 좌절하지 말고 선을 행하라고 격려해 준다.
- 다양한 격려 방법을 동원한다. 손으로 직접 쓴 편지나 카드, 이메일을 통한 짧은 글도 리더에게 큰 격려가 된다. 동료 앞에서 칭찬하는 것도 효과적인 격려 수단이다.
- 그들만의 고유한 리더십 은사와 잠재력을 찾아낸다.
- 적절하다고 판단되면 공개적인 칭찬이나 시상을 하는데, 이때 리더십 모임을 이용하는 것이 가장 좋다. 리더들이 경험하는 문제와 성공담을 소개할 때 공동체의 사랑이 깊어질 뿐 아니라 코치가 기대하는 그룹과 리더들을 위한 비전이 제시된다.

대부분의 경우 변화는 서서히 일어나며, 오랜 시간이 걸린다. 리더에게 성장을 격려할 때는 바울이 한 말을 떠올려 보라. "때를 얻든지 못 얻든지 항상 힘쓰라 범사에 오래 참음과 가르침으로 경책하며 경계하며 권하라" 딤후 4:2.

보살피는 목자가 되라

부드럽고 동정심 어린 마음은 의도적 목양의 중요한 요소 중 하나다. 하나님은 에스겔 34장을 통해 목자의 책임이 다음과 같다고 말씀하신다.

- 연약한 자를 강하게 한다.
- 병든 자를 고쳐 준다.
- 상한 자를 싸매 준다.
- 쫓기는 자를 돌아오게 한다.
- 잃어버린 자를 찾는다.

당신이 섬기는 리더들은 언젠가 그들 자신의 삶, 또는 그룹 멤버의 삶을 통해 고통과 상실, 좌절을 경험하게 될 것이다. 리더들이 어려움을 당할 때는 당신의 가이드가 필요하다. 그들은 위기에 처한 그룹 멤버를 가장 잘 보살피기 위한 방법이 무엇인지 판단하기 위해 당신의 도움을 필요로 할 것이다. 특히 다음과 같은 경우 당신의 도움이 절실히 필요하다.

- 한 번도 그룹의 위기를 경험해 본 적이 없는 리더
- 관계 형성이 진행 중인 새로 조직된 그룹
- 그룹 멤버의 사망이나 재해로 인한 손실 같은 극단적인 위기 상황일 때

만약 위기가 리더의 개인생활이나 가정에서 발생했다면, 돌보는 목

자인 당신의 보살핌이 당연히 필요하다. 이때는 그룹 멤버를 안내해서 리더를 돕도록 하는 것이 좋다. 도움을 필요로 하는 사람이 리더이든 그룹 멤버이든 다음 사항에 유념해야 한다.

- 상처를 당한 사람은 당신의 말과 해결을 위한 조언을 소중하게 생각한다. 전화를 받거나 방문을 받게 되면 많은 힘을 얻는다.
- 그들을 위해, 그들과 함께 영육 간의 건강 회복을 위해 기도한다.
- 그들을 도울 수 있는 방법을 찾아본다. 그것은 집안 일, 가족 부양, 아니면 식품이나 교통편 제공 등이 될 수도 있다.
- 고통을 나누는 것이 성장으로 통하는 관문이 되는 경우가 많다. 이것은 개인뿐 아니라 그룹의 경우도 마찬가지다.
- 도움을 청해야 할 시기를 잘 판단해야 한다. 때때로 규모가 방대해서 그룹의 능력으로 감당할 수 없는 특별한 필요가 발생하기도 한다. 그러므로 당신 또는 당신의 리더들이 교회 어어디에 지원 요청을 해야 하는지 미리 알아 두어야 한다.

> 고통은 아무도 원치 않는 선물이다.
> —필립 얀시 Philip Yancey

사람이 고통을 당하면 일반적으로 리더들을 멀리하거나 다가가지 않으려고 한다. 그러므로 리더들이 먼저 상처 입은 사람에게 다가가는 본을 보여야 한다. 평소 자비심을 기르도록 지도해야 한다.

점검하기

당신의 리더들을 위한 역할을 점검해 봐야 할 때다. 잠시 다음 질문에 대해 생각해 보라.

1. 각 리더와의 관계는 어떤가? 당신이 잘 아는 사람은 누구인가? 잘 모르는 사람은 누구인가? 어떻게 하면 그를 더 잘 알게 될지 질문할 내용을 한두 가지로 정리해 보라.
2. 리더들은 당신의 경청 자세를 어느 정도로 평가하는가? 듣는 자세를 향상시키기 위해 당신이 취해야 방법은 무엇인가?
3. 당신의 리더들에게 성장의 한계는 무엇인가? 영적 성장이 필요한 영역은 무엇인가? 그들의 리더십 중 어느 부문에서 성장이 필요한가?
4. 현재 어떤 리더가 어려움을 겪고 있는가? 그들을 위한 바나바가 되기 위해 당신이 할 수 있는 일은 무엇인가?

주요 실천 원리 3

꿈 심어 주기: 함께 꿈을 꾸라

잠시 여유를 갖고 꿈을 꾸어 보라. 삶을 변화시키는 소그룹을 생각할 때 어떤 이미지가 떠오르는가?

- 사람은 어떻게 상호작용을 하는가?
- 서로 어떻게 보살피는가? 서로 섬기는가, 혹은 서로 격려하는가?
- 그들은 교회와 공동체에서 어떤 방법으로 필요를 충족시키는가?
- 모든 그룹이 이렇게 할 수 있다면 교회의 모습은 어떻게 달라질 거라고 생각하는가?

이는 비전을 뒷받침하는 기본 개념이다. 소그룹이 어떤 모습이어야 하는지, 우리가 꿈꾸는 세계에서 리더가 어떤 역할을 해야

> 비전은 현재 존재하는 것보다 더 긍정적이며, 더 바람직한 미래 상태를 나타낸다. 그것은 미래에 당신이 어디에 서 있으며, 그 모습이 어떨지를 설명해 준다.
> —폴 손튼Paul Thornton, 『리더가 되라Be the Leader』

하는지에 대한 생각에서부터 공동체의 모든 비전이 시작된다.

분명한 비전은 리더들과의 상호작용에 영향을 준다. 그들의 대화에 영향을 미치고, 그들에게 제공하는 지원에 영향을 미친다. 심지어 그들을 위한 기도 방법에도 영향을 미치게 된다.

그러면 소그룹과 관련된 당신의 비전은 무엇인가? 잠시 시간을 갖고 꿈을 꾸어 보라. 그런 다음 박스 안에 당신의 생각을 적어 보라.

일반적인 오류

대부분의 교회가 소그룹의 역할에 대한 비전을 가진다. 비전은 흔히들 더 큰 비전(교회 전체적으로 볼 때 공동체가 어떤 모습인가 하는 것)에서 시작해서 교회가 그 비전을 이루도록 돕는 각각의 소그룹과 리더들의 역할까지를 포괄한다.

코치는 그룹 리더들에게 교회의 비전을 기계적으로 전달하는 비전의 경로 역할만 하면 된다고 오해하기가 쉽다. 그러나 그럴 경우 비전이 코치의 마음을 사로잡지 못할 뿐 아니라 소그룹 리더들의 일상적인 활동과도 연결이 안 된다. 리더들에게 비전을 던져 주기만 하지 말고 그들의 그룹에 대해 생각하고 꿈꿀 수 있는 여지를 만들어 주라. 리더들과 협력하여 각각의 그룹에 대한 분명하고 설득력 있는 비전을 만들어 내라. 그렇게 해서 그들의 마음을 사로잡고 동기부여를 해서 그것을 행동으로 옮기도록 하라.

비전의 능력을 가지라

비전이 분명하고 설득력이 있으면 놀라운 능력을 발휘하게 된다. 우리가 현재 경험하지 못하는 뭔가 더 윤택하고, 더 풍성하고, 더 깊은 것에 대한 갈망을 느끼게 해준다. 그래서 최선의 사고와 에너지를 이끌어 내게 된다.

비전은 다음과 같은 능력을 가진다.

의미를 부여한다. 리더들에게 그룹 생활은 모임을 이끄는 것 이상이라는 사실을 깨닫게 해준다. 그룹의 목적은 삶을 변화시키는 것이다.

갈망을 느끼게 한다. 리더들은 교회의 사명과 공동체로의 부르심에 대해 더 원대한 생각을 갖게 된다. 그들이 가진 능력과 비전 성취를 위해 요구되는 것 사이의 갭은 훈련과 코칭에 대한 갈망으로 연결된다.

> 훌륭한 그룹은 하나님의 사명을 수행한다고 생각한다. 사명의 길을 가기 위해서는 희생이 따른다는 사실을 알지만, 자신을 바칠 만한 충분히 가치 있는 일을 하고 있다는 사실을 안다.
> ─ 워런 베니스, 『천재 만들기』

초점을 바꾸게 한다. 비전은 리더들 자신과 그들이 맡은 그룹으로부터 예수님을 모르는 사람, 그가 살고 있는 지역으로 초점을 옮겨 가게 만든다.

소망을 준다. 리더에게는 소망이 필요하다. 할 수 있다는 용기를 가질 필요가 있다. 하나님은 아브라함이 많은 민족의 조상이 되리라는 비전을 주셨다. "아브라함이 바랄 수 없는 중에 바라고 믿었으니"롬 4:18. 비전이 소망을 고취시켰고, 소망은 아브라함에게 그 비전을 믿고 성취하도록 했다.

워런 베니스Warren Bennis는 『천재 만들기Organizing Genius』에서 세계 제일의 원자탄 제조 프로젝트인 맨해튼 프로젝트에 참여했던 한 과학자의 예를 들어 비전의 능력을 설명했다. 그 프로젝트에는 미국에서 가장 탁월한 엔지니어들이 선발되어 참여했다.

그들은 당시 수준으로 구 모델인 컴퓨터를 배정받아 에너지 계산과 기타 지루한 일을 처리했다. 그러나 안전을 중시하는 군 당국은 프로젝트의 세부적 내용은 그 어떤 것도 그들에게 노출시키지 않았다. 그들은 자신이 전쟁을 끝낼 수 있는 무기를 만든다는 사실도, 자신의 계산에 무슨 의미가 있는지도 몰랐다. 단지 주어진 일만 하면 그만이었고, 그 일을 느긋하게, 겨우겨우 처리했다. 그러자 기술자들을 감독하는 파인먼이 상관을 설득한 끝에 그들이 하는 일이 무엇이며, 왜 하는지를 설명해 주었다. 비밀의 베일을 벗겨도 좋다는 허락이 떨어지자 오펜하이머는 그들에게 프로젝트의 성격과 그들이 어떤 기여를 하게 되는지 설명해 주었던 것이다.

파인먼은 이렇게 회상했다. "확실한 변화가 일어났다. 그들은 그 일을 더 잘할 수 있는 방법을 고안해 내기 시작했다. 계획을 더 나은 방향으로 조정했으며 야근까지 했는데, 야간에 따로 감독을 하지 않아도 될 정도였다. 그들은 어떤 도움도 필요로 하지 않았다."

"그들은 모든 것을 이해했다. 그 결과 우리가 실제 사용한 몇 가지 프로그램을 새로 고안해 냈다." 과학자 파인먼은 그들이 의미를 알고 나서 그 일이 거의 열 배나 빠른 속도로 처리되었다고 증언했다.

비전을 만들라

코치는 몇 가지 주요 영역에서 리더의 역할을 분명히 해준다.

1. **영적 성장** 유능한 코치는 예수님께 복종하는 삶의 본보기를 보여준다. 이것은 그룹 리더의 경우도 마찬가지다. 리더들은 주로 자신의 경험, 성숙도, 성장 과정을 통해 그룹에 영향을 미친다.
2. **은사** 신뢰가 쌓이면서 코치는 리더들이 자신의 은사와 능력을 정확히 파악하도록 도와준다. 리더의 장점, 성장 포인트, 리더십을 위해 하나님이 주신 잠재력과 하나님이 리더와 그가 섬기는 그룹을 통해 무얼 하고 싶어 하시는지 알려 준다.
3. **공동체** 성경적 공동체는 단지 소그룹 모임만을 의미하지 않는다. 리더들은 정기적으로 공동체의 목적, 즉 변화와 친밀한 관계 connected relationships 나 동정심, 사명을 새롭게 다질 필요가 있다.

4. **리더의 역할**   교회가 그들에게 요구하는 것은 무엇인가? 교회의 전반적인 비전을 달성하도록 하는 그들만의 고유한 분야는 무엇인가?
5. **사역 배가**   리더들은 이 영역에서 끊임없는 격려와 비전을 필요로 한다. 그들은 교회가 잠재력을 발견하도록, 미래의 리더들을 발굴해서 그들의 재능과 능력(제자화의 능력)을 개발하도록 그룹의 수를 늘리는 데 결정적인 역할을 담당한다.
6. **충원**   어느 그룹을 막론하고 새로운 사람을 충원할 때는 어려움이 따른다. 리더들을 도와 적절한 시기에 적절한 방법으로 그들이 맡은 소그룹에 새로운 사람을 어떻게 충원할 것인지 항상 생각하도록 하라.

비전을 분명히 하라

리더들이 그룹에 대한 자신의 비전을 전 교회적 사명, 혹은 소그룹을 향한 비전과 일치시키도록 해야 한다. 대부분의 그룹은 소그룹을 담당하는 목회자나 관리자가 비전을 제시할 거라고 생각한다. 그들의 코치가 소그룹 사역을 위한 일차적 비전 입안자라고는 생각하지 않는다. 그 대신에 코치가 그 비전을 분명히 정의하고, 각자 맡아야 할 영역을 분명히 정해 주기를 바란다.

코치는 소그룹을 향한 교회의 전반적인 비전과 가치에서 단일 그룹이나 모임을 위한 세부적인 비전으로 옮겨 가기 위해 다음 사항을 기초로 삼아야 한다.

기도 보통은 마지막 수단으로 생각하는데, 비전을 분명히 하고 개인화시키기 위해서는 무엇보다 먼저 기도로 하나님의 도움을 구해야 한다. "너희 중에 누구든지 지혜가 부족하거든 모든 사람에게 후히 주시고 꾸짖지 아니하시는 하나님께 구하라 그리하면 주시리라" 약 1:5.

검토 문제를 정확히 파악하고 열심히 기도하면서 리더로서의 능력, 헤쳐 나가야 할 도전, 성장의 기회를 생각해 보라. 이때 정확한 현실 감각을 가져야 한다.

경험 당신의 리더들에 대해, 그들의 과거 경험에 대해 생각해 보라. 과거의 어떤 경험이 미래의 기회를 찾는 데 도움이 되는가?

혁신 앞에 가로놓인 도전을 헤쳐 나갈 새로운 방법을 생각해 보라. "명철한 자의 마음은 지식을 얻고 지혜로운 자의 귀는 지식을 구하느니라" 잠 18:15.

비전이 완성될 때, 리더들은 자신이 이끄는 그룹과 그룹 멤버의 삶 속에서 성취해야 하는 것이 무엇인지 분명히 알아야 한다.

비전을 생생하게 유지하라

소그룹 리더들은 공동체에 대한 교회의 비전, 소그룹의 변화와 성장을 위한 비전을 이해하는 것이 무엇보다 중요하다. 그러나 리더들이 열정과 비전을 갖고 그것을 행동으로 옮기기 위해서는 끊임없는 코치의 '비전 다지기re-cast'가 필요하다. 왜 그럴까?

좀 엉뚱한 이야기 같지만 리더에게는 삶이라는 현실이 있다. 자신이 맡은 소그룹에 열정을 가졌다고 해도 그들에게는 직장이 있고, 가정이 있고, 생활 속에서 갖는 관심사 등이 있다. 대부분의 경우 하루 24시간, 일주일 내내 소그룹만 생각하며 살 수는 없다. 따라서 비전이 생활에 파묻혀 버릴 수도 있다.

바울은 그레데Crete "사람을 생각하라"고 디도의 주의를 환기시켰다. 그것은 우리 모두에게 비전이 "샐 수 있다"라는 사실을 시사해 준다. 리더들에게 끊임없이 비전을 되새기도록 하지 않으면 목적의식이 사라지거나 방향감각을 잃은 채 방황하기가 쉽다.

비전을 생생하게 만드는 몇 가지 방법은 다음과 같다.

명료하게 제시하라. 비전을 분명하게 제시하지 못한다면, 그것을 잘 이해하지 못했거나 자기 것으로 완전히 소화하지 못했다는 증거일 수 있다.

확신을 갖고 설명하라. 비전을 이야기할 때는 말에 설득력이 있고, 초점을 잃지 않으며, 균형이 잡혀 있어야 한다.

비전을 명료하게 하고, 제시하고, 다질 수 있는 모든 기회를 활용하라. 모임, 훈련 행사, 그룹 방문, 대화, 이메일, 전화 등은 비전의 주요 구성 요소를 나누고 그 원리를 전달할 수 있는 더없이 좋은 기회다. 비전을 일반 활동과 창조적으로 연결할 수 있는 기회를 끊임없이 찾아야 한다. 예를 들어 교회에 처음 나오는 사람과 로비에서 만나 나누는 대화는 공동체에 리더가 절실히 필요하다는 사실을 강조할 수 있는 좋은 기회다.

> 비전은 자연적인 접착성을 갖지 않아 달라붙지 않는다. 반면에 새어 나가는 특성이 있다.
> — 앤디 스탠리Andy Stanley, 『리더십Leadership』

성경을 활용하라. 성경은 공동체에 대한, 공동체에서 삶을 함께 나누는 일과 관련된 말씀이 가득하다. 리더들과 이야기할 때 성경말씀을 활용해 소그룹의 비전에 힘을 불어넣어야 한다.

창 1:24-2:25	막 3:14
창 6, 17장	요 17장
출 18장	행전 2:41-47, 4:32-37
시 133편	롬 12장
잠 15:22	고전 12장
잠 18:24	엡 2, 4장
전 4:9-10	벧전 5:1-4

리더들이 교회의 비전을 이해하고 언제든 잊어버리지 않도록 하라. 비전과 관련된 질문을 만들고 문제를 제기할 만한 시간과 공간, 편안한 장소를 제공하라. 이것은 일대일 대화를 통해, 리더십 모임을 통해 쉽게 해결할 수 있는 부분이다.

그룹에 대해, 성장과 선교 가능성에 대해 꿈꾸라. 리더들은 자신의 그룹을 향한 하나님의 소망, 즉 소그룹의 위치에서 무엇을 하고 무엇이 되기를 원하시는가에 대해 꿈꾸고 기도할 공간을 만들어 준다.

리더들이 큰 비전을 여러 단계로 나누어 좀 더 구체적이고, 좀 더 쉽게 다루도록 하라. 예를 들어 그룹 배가(재생산)를 위한 첫 단계는 견습 리더를 찾는 것이다. 이 문제를 리더십 모임이나 일대일 대화를 통해 리더들과 의논하라. 그들이 이끄는 그룹에서 누가 견습생으로서 잠재력을 가졌는가?

설득력 있는 이야기를 사용하라. 리더나 그룹으로부터 교회에서 추진하는 비전의 핵심을 찌르는 이야기를 경청한다. 이것을 리더십 모임이나 일대일 대화를 통해 리더들과 함께 나눈다.

리더들이 비전의 일부를 성취할 때마다 찬사를 보내라. 찬사는 그들이 하는 일의 중요성을 분명하게 인식시키는 역할을 한다.

점검하기

당신이 섬기는 리더들에게 어떻게 꿈을 불어넣고 있는지 점검할 시간이다. 잠시 여유를 갖고 다음 질문을 생각해 보라.

1. 공동체에 대한 비전이 당신의 마음속에 얼마나 선명하게 새겨졌는가? 그것을 글로 표현해 보라.
2. 코치가 가진 공동체에 대한 비전, 즉 그룹이 어떻게 기능하고 리더들이 어떻게 그룹을 이끌어야 하는지에 대한 것과 그들이 인식하는 그룹 생활의 현실 사이에는 갭이 있게 마련이다. 당신의 비전과 현실 사이에 존재하는 갭은 무엇인가?
3. 당신이 섬기는 리더들이 공동체에 대해 꿈꿀 수 있는 환경을 어디에 마련하겠는가? 이 일을 언제 할 수 있는가?
4. 리더들이 비전을 명확히 하고 다지도록 당신이 취할 수 있는 첫 번째 단계는 무엇인가?
5. 당신이 칭찬할 일은 무엇인가? 리더들이 어떤 단계를 밟아 왔고, 어떤 목표를 성취했는가? 이 사실을 언제 알았는가?

Key Practice 4: Equipping: Develop Skills

주요 실천 원리 4

무장시키기: 기술을 개발하라

대부분의 코치는 리더들에게 필요한 기술과 훈련을 제공함으로써 그들을 무장시켜, 그들이 맡은 그룹을 더 효과적으로 이끌도록 하는 것이 첫 번째 목적이라는 확신을 갖고 사역에 발을 들여 놓는다. 대부분의 코치는 과거에 소그룹을 이끈 경험이 있으며, 그룹 생활의 기쁨과 좌절에 대해 알고 있다. 따라서 올바른 의도와 겸손한 마음으로 리더들과 자신의 경험을 나눈다. 그러나 리더들이 지혜의 보물을 잘 받아들이려 하지 않고, 그것을 소중히 여기지 않는 모습에 좌절하는 경우가 종종 발생한다. 그들은 왜 거부 반응을 보이는 걸까?

   리더들은 자신의 기술을 키우고 향상시킬 필요가 있다. 그러나 그들이 코치로부터 얻고 싶고 필요로 하는 첫 번째 자원은 무장이 아니다. 실제로 당신이 리더들과 관계를 형성하기까지 대부분은 기술 훈련에 선뜻 마음을 열지 않는다. 그것이 너무 빨리 주어지면, 코치와 리더의 관계는 목양 관계가 아닌 실적 중심의 관계로 변질되기도 한다.

리더는 코치가 순종하는 삶의 모델이 되고, 그들의 영성 개발을 도와주고, 비전을 제시해 주리라고 기대한다. 그런 일이 제대로 이루어질 때 코치와의 기술 개발에 마음을 열게 된다.

당신이 섬기는 리더들을 주요 리더십 기술로 무장시킴으로써, 그들이 이끄는 소그룹 멤버의 현실적인 필요를 더 효과적으로 충족시키도록 돕는다. 아볼로를 무장시키고 영향을 주었던 브리스길라와 아굴라를 생각해 보라^{행 18:23-28}. 아볼로는 비록 언변이 좋으며, 주님의 뜻을 배워 알고 있으며, 열심이 있고 가르칠 수 있는 사람이었지만 향상과 발전을 위해 이들 부부한테서 더 많은 훈련을 받을 필요가 있었다. 잘 무장되어 있고, 여호와를 잘 아는 리더라고 할지라도 기술 향상은 꼭 필요하다.

따라서 당신의 리더를 목양하고 이끄는 동안 그들의 성장 한계를 분별해야 한다. 리더로서 그들이 가진 장점과 단점은 무엇인가? 함께 일하면서 관찰 기록을 하는 것도 좋은 방법이다. 이는 나중에 귀중한 통찰력을 제공해 준다. 서로에 대한 신뢰가 쌓이면, 리더들이 그룹에서 겪는 어려움과 도전을 털어놓기 시작할 것이다. 그때는 그들의 리더십을 더욱 무장하기 위해 필요한 아이디어를 받아들일 채비가 되었다는 신호로 보면 된다.

일반적인 오류

리더들과의 관계가 중요할지라도 관계를 맺는 데 머물러서는 안 된다.

우리는 코치와 리더의 관계를 단순히 좋은 친구 관계로 만드는 실수를 저지르기 쉽다. 몇 해를 보내고 난 후에야 리더들의 기술을 개발하지 않고 그들의 필요에만 관심을 기울였다는 사실을 발견하기도 한다. 좋은 친구 관계는 형성되었지만, 리더의 능력 향상에는 별로 도움을 주지 못한 것이다. 목양과 무장의 균형은 결코 쉬운 일이 아니다.

리더들을 사랑으로 보살피고 양육하는 관계를 형성하는 것이 중요하다. 사실상 이 목양 관계는 그들과의 모든 사역에 기초가 된다. 리더들이 비전을 가질 때 그룹이 어디까지 갈지, 무엇이 될지에 대한 그림을 그리게 된다. 그 비전이 그들의 마음속에 뿌리를 내릴 때, 그 비전 성취를 위한 단계를 밟아 나가기 위해 어떤 기술을 익히고 향상시킬 필요가 있는지 발견하기 시작한다. 이런 리더십 갭을 인식할 때, 리더들은 그것이 강한 내적 동기가 되어 배우고 싶다는 갈망을 갖게 된다.

리더를 실제적으로 무장시키라

코치가 리더들의 기술 훈련을 위해 학교 강의실을 사용하는 일은 거의 없다. 대부분 일대일 대화 등 좀 더 자연스러운 환경에서 훈련이 이루어지고, 이런 기회를 통해 각 리더의 성장 기회를 파악하게 된다. 리더들이 자신의 고충과 경험을 이야기할 때 가르칠 기회를 포착하라. 이때 다음과 같은 다양한 수단을 사용해 리더들을 무장시켜야 한다.

- 그룹을 이끌면서 다른 리더들을 코치할 때 얻은 당신의 경험 중 그 문제와 관련이 있는 것

- 그 문제를 효과적으로 해결한 교회 내 다른 그룹 리더의 지혜
- 교회에서 실시하기로 예정된 강의실 훈련, 또는 기타 세미나와 콘퍼런스
- 그 문제를 해결하는 데 도움이 되는 책이나 자료, 여기에는 소그룹 사역을 위한 웹사이트처럼 신뢰 가능한 소스가 포함될 수 있다.
- 주제에 대한 카세트테이프 또는 CD, 많은 교회가 이를 목적으로 도서실을 만들어 자료를 대여한다.

예를 들어 리더와의 대화중에 그룹 토론을 제대로 이끌기 위한 어려움 등 하나의 화제나 주제가 계속 튀어나온다면, 다음 모임의 일부 시간을 이 영역의 기술 훈련에 할애할 수도 있다.

> 해 보지 않고 배울 수 있는 길은 없다. 성인이라면 작업 현장에서 경험을 통해, 일을 직접 해 보는 것으로 가장 잘 배울 수 있다.
> — 로저 섕크Roger Schank, http://www.edutrue.tripod.com/c-files/mistakes.html

다음은 지속적인 리더 무장을 위해 필요한 지침이다.

그들의 은사와 능력을 확인하라. 리더들에게는 저마다 장점과 단점이 있다. 리더들을 지지해 주면서 계속 달란트를 개발하도록 도와주라. 장점은 살리고, 단점에 대해 사기를 높여 주는 일에는 균형이 필요하다. 다른 사람을 개발하는 방법의 하나로 리더십 모임이나 만남에서 리더의 장점을 나누는 방법도 고려해 보라.

그들의 경험을 통해 가르치라. 좋든 나쁘든 모든 경험은 배움의 기회를 제공한다. 당신이 코치하는 그룹에서 제기되는 공통된 주제에 귀를 기울이라. 리더들과 대화를 나누면서 모든 리더에게 학습 경험

을 제공할 수 있는 특별한 사례를 찾아보라.

그들의 성장 한계를 분별하라. 시간이 흐르면서 그룹 리더들이 지속적으로 도전받는 영역이 눈에 보이기 시작할 것이다. 그들의 행동이나 그룹을 이끄는 과정에서 바람직하지 못한 패턴이 발견되기도 한다. 이런 영역에 대해서는 기술과 능력을 개발하는 데 필요한 자원과 도구를 제공하라.

그들과 함께 문제를 해결하라. 문제를 해결하기 위해서는 경청과 이해가 필요하다. 몇 가지 대안을 마련하고 리더들이 담당 소그룹에 가장 적합한 대안을 찾도록 도와주라. 계획에 들어가기 전에 스태프 멤버나 소그룹의 핵심 멤버와 의논하는 것이 도움이 되기도 한다.

역할 연기(role play)를 활용하라. 역할 연기는 리더들에게 대인관계를 가르치는 데 특별히 유용한 방법이다. 리더들에게 갈등 해소, 적극적인 경청, 효과적인 질문 방법을 가르치는 데 탁월한 효과를 발휘하게 된다.

함께 배우라. 당신이 섬기는 리더들이 갖는 모든 과제나 문제에 해답을 제시할 수는 없다. 모를 때는 모른다고 깨끗이 인정하라! 그러고 나서 리더들과 함께 머리를 맞대고 성경, 다른 리더, 동료 코치, 스태프 멤버, 또는 다른 자원을 통해 답을 찾아보라.

성장 기회를 잡아라

당신이 섬기는 리더들을 무장하는 데 필요한 기술의 범위는 무한하다. 리더들이 성장하고 그들의 그룹이 성숙해 가면서 도전과 기회는 달라진다. 새로운 기술이 필요하기도 하고, 기존 기술을 활용하는 데 있어서도 새로운 수준의 전문성이 요구되기도 한다.

무장시키는 일이 당신 또는 당신의 리더에게 버거운 일이 되지 않도록 가장 필요한 도구를 제공하는 데 초점을 맞추라. 다음 리스트를 살

순종하는 삶 본보이기	멤버를 목양하여 성장으로 이끌기
새로운 멤버 추가하기	서로를 섬기는 그룹으로 이끌기
듣는 기술	안전한 환경 조성하기
견습 리더 선정과 개발	그룹 생활의 단계
그룹에서 성경 사용하기	갈등 해소
까다로운 사람 다루기	삶을 변화시키는 모임 기획
훌륭한 교과 과정 선택하기	그룹으로 드리는 예배
질문을 잘하는 법	그룹 배가하기
그룹의 대외 봉사와 전도	서약서 만들기
핵심 가치 설정 방법	친밀감과 투명성 조성하기
위기에 처한 사람 보살피기	소그룹 기도

이들 주제를 다룬 유용한 정보가 빌 도나휴의 『삶을 변화시키는 소그룹 인도법 Leading Life-Changing Small Groups』(국제제자훈련원, 2004)에 소개되어 있다.

점검하기

당신이 섬기는 리더들을 무장시키는 방법을 점검하는 시간이다. 다음 질문에 대해 생각해 보라.

1. 각 리더와의 관계에 대해 주의를 기울여 평가해 보라. 당신의 관계는 어느 레벨에 해당하는가? 박스 안에 리더 이름을 쓰고 각 리더에게 적용하는 실행 원리에 X 표시를 하라. 각 리더의 다음 단계와 관련하여 이 차트에서 찾아낼 만한 관찰 결과나 적용 방법은 무엇인가?

리더	본보이기	가이드하기	꿈 심어 주기	무장시키기

2. 어느 코칭 관계에서 친구 관계를 중시하고, 꿈 심어 주기나 무장시키기를 소홀히 했는가?
3. 리더의 기술 개발을 위해 현재 사용하는 방법이나 도구는 무엇인가?
4. 기술 목록을 복습하라('성장 기회를 잡아라' 참조). 당신의 리더들은 현재 어떤 기술을 필요로 하는가? 그들을 무장시키기 위해 앞으로 30일 동안 적용할 수 있는 한 가지 단계는 무엇인가?

펴보고 당신의 코치를 받는 리더들에게 적합하다고 생각되는 것에 표시를 하라.

　당신이 섬기는 리더들의 필요에 관심을 기울이라. 리더들을 성장시키기 위해 필요한 영역에서 도움을 줄 수 있는 대화와 행사를 신중하게 계획하라. 리더들에게 도전을 주되 부담감을 느끼지 않도록 무장시키는 속도를 적절히 조절하라. 그리고 이를 언제나 목양이라는 관점에서 시행하라.

part 4 코치의 공구상자

클로드 웨들(Claude Waddell)은 대목장(大木匠)이었다. 그는 원형 톱이나 전동식 못 박는 기계 사용이 오늘날처럼 보편화되기 전에 훌륭한 솜씨를 발휘했다. 웨들의 공구상자 속에는 그가 애용하는 공구가 가득 담겨 있었다. 접는 자는 가장자리가 둥그렇게 닳았고, 손잡이가 나무로 된 끌은 면도날처럼 날카로웠다. 망치는 오랫동안 사용해서 그의 손에 꼭 맞도록 모양이 잡혔다. 굽은 손잡이가 달린 타래송곳, 가로켜기 톱, 수평기(水平器), 직각자도 들어 있었다.

그의 공구상자 안에는 다른 도구도 들어 있는데, 자주 사용하지는 않지만 대단히 중요한 전문 도구다. 그는 그 도구를 사용할 때도 다른 도구를 다룰 때와 마찬가지로 자유자재로 다루었다. 자주 사용하는 도구나 전문 도구 할 것 없이 모든 도구가 동일한 목적으로 사용되었다. 바로 못과 목재, 석고를 동원해 집을 짓는 것이었다. 그는 이들 도구를 사용해 비전과 계획을 현실로 보여 주었다.

이는 일상적인 직업, 즉 배관공이나 조경사, 건축기사, 기계공 또는 엔지니어 등에게도 통용되는 원리다. 그들은 그것이 스패너든 컴퓨터든 사용하는 도구에 익숙해질 때까지 시간과 에너지를 투자한다.

코치의 공구상자 안에는 언제라도 사용 가능한 다양한 도구가 들어 있다. 자주 사용하는 것이 있는가 하면, 필요한 경우에 가끔씩 사용하는 것도 있다. 공동체의 변화를 위한 당신의 비전과 관심 사항인 소그룹의 발전을 이루느냐 못 이루느냐는 이들 도구를 사용하기 위해 어느 정도의 기술과 전문지식을 쌓았느냐에 달려 있다.

따라서 우리는 그것에 익숙해져야 한다. 시간을 투자해 언제 도구를 사용할 것인지, 어떻게 사용할 것인지 그 방법을 익혀야 한다. 처음 망치로 못을 박을 때처럼 도구가 손에 익지 않을 수도 있다. 하지만 계속 사용하다 보면 기술과 전문 지식이 늘어 익숙해지게 된다.

코칭의 개관

코치의 역할을 이해하라

코치는 삶에 변화를 일으키는 가장 전략적인 사람에 속한다. 사역 성공의 책임이 전적으로 코치의 손에 달려 있지는 않지만, 그 역할은 매우 중요하다. 그룹 리더들을 양육하고 개발하는 코치의 역할은 교회 소그룹 사역의 건강과 활력에 절대적이다. 코치는 사역의 제일 앞에 서 있으며, 섬기는 그룹과 가장 긴밀한 관계를 가졌다.

코치 역할과 관련해 세 가지 본질적인 요소가 있다. 그룹 리더들의 영혼을 성장시켜 주고, 그룹 리더들의 기술을 개발하고, 리더십 팀을 구성하는 것이 그것이다.

1. 그룹 리더의 영적 양육

처음으로 코치 역할을 맡으면 자신의 역할을 소그룹 체계 속의 중간관리자 정도로 자리매김하고 싶다는 유혹을 받는다. 그런 마음가짐을 가지면 수치에 의한 평가(우리 사역이 성장하고 있는가 하는 평가)와 리더의 숙련도에 매달리게 된다.

그러나 리더들이 가장 필요로 하고 바라는 것은 목자다. 그들에게는 누군가 영적 양육을 맡아 주고 가이드해 줄 사람이 필요하다. 리더들은 자신이 맡은 그룹 멤버의 성장을 이끌기 위해 영적으로 성장하지 않으면 안 된다. 바울이 말했듯 성장하는 리더는 "내가 그리스도를 본받는 자 된 것 같이 너희는 나를 본받는 자가 되라"고 말할 수 있어야 한다.

코치는 자신이 섬기는 리더들의 영적 양육을 위해 많은 시간을 보내게 될 것이다. 리더들의 영적 성장에 관심을 기울이다 보면, 그들이 그룹 리더십에 관련된 코치의 지도에 더 잘 반응한다는 사실을 발견하게 된다.

최우선적으로 리더를 양 무리에 속한 한 마리의 양으로 생각하라. 예수님은 "나는 선한 목자라 나는 내 양을 알고 양도 나를 아는 것" 요 10:14 이라고 하셨다. 이것이 바로 모델이다. 리더들과 함께 시간을 보내면서 그들의 장점과 단점을 파악하고, 그들을 사랑하라. 그들을 강건하게 만들어 주고 생명을 주는 사역에 풀어 놓으라.

2. 그룹 리더의 기술 개발

소그룹을 이끄는 것은 로켓 과학과 다르다. 사람을 평균적인 그룹 리더보다 마음에 좀 더 융통성을 갖도록 하고, 배우려는 정신자세로 바꿀 필요가 있다. 평균에 머무르고 싶어 하는 사람이 있을까? 평범함을 추구하는 사람이 있을까?

우리가 되고 싶은 것, 세우고자 하는 것은 다름 아닌 유능한 소그룹 리더다. 정말 알아야 할 것을 아는 사람이다. 비전을 이해하고 소유한 사람이다. 즐겁게 코치할 수 있는 사람이다. 맡은 그룹이 영적으로 성장할 뿐 아니라 매주 삶의 변화에 대한 이야기가 넘치는 사람이다. 유능한 리더가 되기까지는 오랜 시간이 걸린다. 이것이 현실이다. 이따금 보석 같은 리더를 만나게 되는데, 이는 리더십 기술을 개발하기 위해 노력한 누군가의 덕분임을 알아야 한다.

그룹 리더는 흔히 리더십의 비전을 품는 그룹 멤버에서 출발한다. 그들은 멘토링, 훈련, 노력, 실패, 연습을 통해 유능한 리더로 빚어진다. 코치의 역할 중 자신이 보살피는 현재의 리더, 또는 리더 후보의 기술 개발이야말로 중요한 구성 요소다.

3. 리더십 팀 구성

리더십 팀은 코치, 견습 코치, 소그룹 리더, 견습 리더로 구성된다. 팀에 도움이 된다면 대외 활동 조정자, 사역을 연결하는 사람, 훈련 전문가 등 다른 사람이나 역할을 추가해도 좋다. 모두 한 팀이 되어 성경의 가르침에 걸맞은 공동체, 즉 그룹 멤버의 삶에 지속적인 변화를 일으키는 공동체를 세우게 될 것이다.

사도 바울은 자신이 후견하는 디모데에게 팀의 구성 원리를 가르치고 모범을 보였다. 그는 "또 네가 많은 증인 앞에서 내게 들은 바를 충성된 사람들에게 부탁하라 그들이 또 다른 사람들을 가르칠 수 있으리라"딤후 2:2고 가르쳤다. 여기서 바울은 4대에 걸친 지도 체계를 이야기했다.

바울은 팀을 세우는 사람이었다. 그와 팀을 이루어 로마에서 교회를 세운 사람을 보라. 바울은 "나의 동역자들인 브리스가와 아굴라에게 문안하라 …… 내 친척이요 나와 함께 갇혔던 안드로니고와 유니아에게 문안하라 …… 주 안에서 수고한 드루배나와 드루보사에게 문안하라 …… 아순그리도와 블레곤과 허메와 바드로바와 허마와 및 그들과 함께 있는 형제들에게 문안하라" 롬 16:3-14 고 기록했다.

이들 이름 뒤에 추가할 제자가 당신에게 많지 않을 수도 있다. 아무튼 로마 교회가 많은 시련을 이겨 가며 전도 사역을 이끌기 위해 팀의 힘을 필요로 했을 때, 위에 기록된 사람이 로마 교회의 기본적인 사역 팀을 형성했다.

리더를 세우는 과정에 필요한 세 가지 도구

리더를 세우는 과정에서 일차적으로 당신이 사용할 도구가 세 가지 있다. 리더를 위한 코치의 사역은 궁극적으로 이중 구조를 가졌다는 점을 기억하라. 바로 그룹 리더의 영적 양육과 기술 개발이다. 이들 각각의 도구는 양육과 개발, 양자의 균형 속에서 고유한 역할을 담당하게 된다. 각각의 도구 사용법에 대한 상세한 내용은 후에 설명하기로 하고 여기서는 개관만 살펴보기로 하겠다.

일대일 대화   이 도구는 기술 개발보다 양육과 더 깊은 관련이 있는데, 특히 리더들과의 관계 초기에 유용하다. 이 대화는 리더의 필요가 영적 성장이든 그룹 리더십의 문제이든 간에 리더십 모임 또는 그룹 방문 시 해결할 수 없는 리더만의 문제를 이해하고 충족시키는 일대일 만남의 기회를 부여한다.

리더십 모임 리더십 모임은 리더를 양육하고 기술 개발 훈련을 실천할 수 있는 최선의 기회를 제공한다. 또한 공동체의 본을 보이는 기회가 되기도 한다. 특별한 경우 양육보다 기술을 강조하는 경우도 생기겠지만, 한 해를 기준으로 할 때 균형을 이루어야 한다.

그룹 방문 방문을 통해 우선 리더십 기술과 리더의 성장 한계를 관찰한다. 또한 그룹 앞에서 리더를 세워 줄 수도 있다. 그룹 방문은 일반적으로 영적 양육보다 기술 개발과 더 관련이 깊다.

어디서부터 시작할까

처음 코치로서 섬긴다면 리더들 각자와의 관계 형성부터 시작하는 것이 최선이다. 이를 위해서는 일대일 만남이 가장 좋다. 이 코칭 도구는 리더들에게 가장 덜 압박감을 준다. 코치의 성격 특성에 따라 리더 양육과 개발에 가장 편안한 방법이 될 수 있다.

관계가 형성되면 그 리더의 그룹을 방문한다. 마지막으로 리더십 모임에서 당신의 리더를 소개하라. 처음 몇 차례의 리더십 모임에서는 대부분의 시간을 관계 형성에 배정하라.

새 리더가 당신이 코치로 활동하는 기존 모임에 들어오는 경우 가능한 한 빠른 시간 내에 그 리더와 일대일 만남을 가지라. 리더가 코치와 알게 되면, 모임 내의 기존 관계에 훨씬 편안하게 참여할 수 있다. 그들이 담당하는 소그룹을 방문하는 것은 관계 형성이 이루어진 다음에 하는 게 좋다.

One-on-One Conversations

일대일 대화

양을 치는 목자와 대화를 나눈다고 생각해 보라. 당신에게는 모든 양이 똑같아 보이겠지만, 목자에게는 양 한 마리 한 마리가 각기 다른 필요와 습관을 가졌다.

"저기 저놈 말이야, 귀가 찢어진 놈 보여? 그놈은 울타리 바깥에 있는 풀이 안쪽에 있는 풀보다 더 맛있다고 생각하는 게 틀림없어. 날이면 날마다 철조망 울타리에 머리를 디밀어 풀을 뜯어먹어. 그리고 머리를 빼내느라고 오른쪽 귀가 걸려 찢어지곤 하지."

"저기 걸으려고 애쓰는 놈 보이지? 어렸을 때 제 어미가 실수하는 바람에 그 발에 밟혀 다리가 부러졌어. 일반적으로 암양은 온순하지만 가끔 이런 일이 벌어지기도 해. 어린양은 상처가 잘 낫는데 저 놈은 그렇지가 않더군. 평생 절뚝거릴 것 같아."

선한 목자처럼 코치는 자신이 섬기는 리더들에 대해 잘 안다. 리더들과 일대일로 만날 때 당신은 그리스도와 동행하는 그들의 삶과 가정생활, 마음속 깊은 필요를 알게 된다. 또 리더 한 사람 한 사람의 고유성,

즉 그들의 장점과 단점에 대한 통찰력도 얻게 된다. 이 통찰력은 리더들을 양육하고 개발하는 데 도움을 준다. 그 어느 것도 그들과의 개인적 만남을 대체할 수는 없다.

개인적인 관계가 먼저다

코치가 일대일로 만나는 목적은 소그룹을 관리하는 일, 즉 리더가 맡은 일을 제대로 해내고 있는지 확인하기 위해 일대일 만남의 시간을 갖는다고 단정 짓기 쉽다. 그들은 어떤 커리큘럼을 사용하는가? 소그룹에 삶의 변화가 일어났는가? 새로운 사람이 들어왔는가? 견습생을 개발하고 있는가?

이는 모두 중요한 질문으로 회의에서 자주 제기된다. 그러나 일대일 만남의 주된 목적은 리더와 개인적 목양 관계를 갖는 것이다. 이 개인적 만남은 리더들에게 사랑받는다는 확신을 갖게 한다. 그리고 리더와 그가 맡은 사역을 지지해 준다. 관계가 원활하게 이루어질 때 리더들은 힘이 생기고, 코치와 교회의 지지를 받는다고 느낀다.

개인적 연결이야말로 리더가 코치에게 가장 바라는 일이다. 그룹 리더들과의 만남을 준비할 때는 다음 사항을 목표로 삼으라.

관계를 쌓고 다지라. 이 개인적 연결은 리더들과 함께하는 모든 일의 기초가 된다. 질문을 던지고 그들의 말을 경청함으로써 리더 개인의 성향을 파악하도록 하라.

리더들의 영적 성장을 가이드하라. 리더들의 신앙생활에 대해 알아

보라. 그리스도를 영접하게 된 배경은 무엇인가? 어떻게 해서 교회에 나오게 되었는가? 영적 성장의 다음 단계를 분별하도록 목양 계획 Shepherding Plan (120쪽 참조)을 사용하여 도와주라.

그룹 생활의 과제를 해결하도록 도와주라. 그룹 생활은 혼란스러울 때도 있다. 일대일 만남의 기회는 리더가 리더십의 고충을 편안하게 털어놓을 수 있는 자리다.

리더들에게 꿈을 심어 주라. 그룹 리더들은 주로 소그룹 사역의 핵심 리더로부터, 교회 강단을 통해 공동체를 향한 비전을 얻는다. 일대일 만남을 활용하여 비전을 재강조하고 다지되, 그룹과 리더십에 관련된 부분에 초점을 맞추라.

효과적인 일대일 대화를 위한 지침

기본적인 다음 원리에 따라 리더들과 탄탄하고 건강한 관계를 형성하라.

기술 개발보다 양육에 초점을 맞추라

일대일 만남의 일차적인 목적은 리더들의 효율성 증대나 리더십 능력 개발보다 리더들을 영적으로 양육하는 데 있다. 우리 교회가 실시한 최근의 조사는 이에 대한 필요성을 부각시켜 주었다. 즉 리더들은 코치가 먼저 목자가 되어 주기를 원한다.

코치와의 관계에서 신뢰가 쌓이면 리더들은 좀 더 개인적인 이야기를 털어놓기 시작할 것이다. 그들은 개인적인 고충과 리더십에 따르는 도전, 즉 당신과 처음 만났을 때 털어놓지 않았던 문제를 말하기 시작한다. 또한 그룹을 이끌면서 겪는 어려움을 해결하기 위해 당신의 도움을 받고 싶어 할 것이다.

다음 원칙에 따르면 관계와 일대일 만남의 영향이 중대될 것이다.

주의 깊게 들으라. "사람마다 듣기는 속히 하고 말하기는 더디 하며 성내기도 더디 하라"약 1:19.

진솔한 대화를 통한 진실성과 개방성을 높이라. "오직 사랑 안에서 참된 것을 하여 범사에 그에게까지 자랄지라 그는 머리니 곧 그리스도라"엡 4:15.

성장의 다음 단계를 분별하도록 도우라. "주께 합당하게 행하여 범사에 기쁘시게 하고 모든 선한 일에 열매를 맺게 하시며 하나님을 아는 것에 자라게 하시고"골 1:10.

조직의 문제보다 영적 관심사에 초점을 맞추라

리더십 모임과 기획 회의를 위해서는 사역 성장 전략과 보고서, 조직 차트를 준비하는 것이 좋다. 일대일 모임에서 리더들이 코치에게 기대하는 것은 주로 영적·개인적 문제에 대한 가이드와 도움이다.

리더는 코치가 영성 관리자가 아닌, 보살피고 사랑을 베푸는 목자가 되어 주기를 기대한다. 그리스도와 함께하는 삶, 개인적인 영성 훈련, 교회에서의 신앙생활 참여에 대해 질문하라. 그들을 위해, 그들과 함께 기도하라(119쪽의 '영적 성장 가이드하기: 목양 계획 개발' 참조).

리더의 영적 깊이를 위해 힘쓰다 보면 그들의 리더십도 질적으로 향상될 것이다.

관리보다 격려에 초점을 맞추라

코치와 처음 만나기로 결정하고 나면 많은 리더가 걱정하고 불안해한다. 그들은 만남이 친구와 만나서 대화하는 분위기보다는 교감 선생님의 방을 찾아가는 것처럼 두렵다는 생각까지 든다. 그러므로 리더들과 만나기 전에, 만남 중에 충분히 대화를 나눔으로써 격려받는 시간이 되게 하라.

사도 바울의 사역은 일대일 만남에서 코치의 역할에 대한 좋은 본보기가 되어 준다. 그는 데살로니가 교회에 대한 자신의 사역을 이렇게 요약한다. "너희도 아는 바와 같이 우리가 너희 각 사람에게 아버지가 자기 자녀에게 하듯 권면하고 위로하고 경계하노니 이는 너희를 부르사 자기 나라와 영광에 이르게 하시는 하나님께 합당히 행하게 하려 함이라" 살전 2:11-12.

여러 성경구절을 통해 바울의 개인적인 격려가 사역에서 얼마나 큰 비중을 차지했는지 엿볼 수 있다.

행 16:40 바울과 실라가 옥에서 나와 루디아의 집에 들어가서 거기 모인 사람들을 위로했다.

행 20:1 에베소에서 소요가 끝난 뒤에 바울은 제자들을 불러 모아서 격려했다.

행 20:2 에베소에서 그리스로 가는 길에, 바울은 교회와 지방을 다녀가며 그리스도인을 격려했다.

골 4:8   바울은 골로새 교회에 두기고를 보내 그곳 그리스도인을 위로했다.

리더가 코치에게 바라는 것은 관리가 아니라 지지와 격려다. 그러므로 위로의 말로 영적 행로를 가는 리더들에게 힘을 불어넣어 주라. 비판이 필요한 경우라 할지라도, 5 대 1의 비율로 격려와 비판을 하는 것이 경험의 법칙이다.

강하게 압박하는 대화보다 빈번한 만남에 초점을 맞추라
정기적인 만남을 계획하여 그것을 리더를 위한 사역의 일부로 삼으라. 자주 만나면 만날수록 관계는 더욱 빨리 가까워진다. 225쪽의 내용을 참고해 섬김서약서 Care Covenant 를 작성하고 만남의 빈도를 결정할 때 도움을 받으라. 일대일 만남과 함께 각각의 리더와 정기적인 접촉을 가지라. 전화하고, 이메일을 보내고, 교회 현관에서 만나는 방법을 통해 만남을 유지하라.

리더들과 얼마나 자주 만나는지는 그들의 필요와 코치의 사정에 달려 있다. 새로 들어온 리더, 위기를 맞은 리더를 위해서는 더 많은 시간을 투자할 필요가 있다. 리더들이 갈등을 헤쳐 나가도록 돕고, 새로운 리더가 처음 몇 차례의 소그룹 모임을 잘 이끌도록 하기 위해서는 일주일에 몇 번이라도 만나야 한다.

일대일 대화를 위한 네 가지 절차

일대일 대화를 기획하고 이끄는 데 필요한 네 가지 절차가 있다.

1. 기도하라

이는 간과하기 쉬운 절차다. 리더 각자를 위해, 그들과 함께 기도하는 시간을 가지라. 바울은 자신이 섬기는 리더들을 위해 기도했다. 성경에 보면 바울은 빌립보 리더들을 생각하며 하나님께 감사했고, 하나님이 그들의 삶을 통해 지속적으로 일하시도록 기도했다^{빌 1:3-11}. 그들과 함께할 기회를 주시길 기도했고, 그들과 동행해 주셔서 그리스도를 향한 그들의 사랑이 풍성해지고, 그리스도의 풍성한 의의 열매를 경험하게 해달라고 기도했다.

일대일 만남을 시작하기 전에 하나님이 대화를 가이드하고 인도해 주시도록 기도해야 한다. 리더가 도전받아야 할 필요가 있는 영역과 함께 지지를 필요로 하는 영역을 보여 주시도록 기도하라.

2. 준비하라

사전에 대화의 초점과 목적을 고려해 만남을 준비하라. 준비가 잘 되면 함께하는 시간을 효율적으로 활용할 수 있다. 준비하면서 다음 질문을 염두에 두라.

1. 이 리더의 영적 상태를 어떻게 평가할 것인가?
2. 만나서 나눌 만한 한두 가지 이야깃거리로 무엇이 적당한가?
3. 전 시간의 만남에서 제기된 것으로 이번에 다뤄야 할 과제는 무엇

인가?

4. 지난 그룹 방문이나 리더십 모임 결과, 칭찬 또는 염려가 필요한 부분이 있는가?

3. 개인화하라

리더와 만났을 때는 그 시간을 개인에게 집중하라. 모든 리더는 개인적인 관심과 보살핌을 원한다. 리더의 말을 주의 깊게 듣고 관찰한 결과에 따라 적절한 반응을 보이라. 그들의 삶과 리더십을 평가해서 자신의 능력에 자신감을 갖도록 하고, 단점이 있는 영역에서 지속적으로 성장하도록 도와주라. 이때 사랑을 바탕으로 진실을 말해 주라.

당신이 생각하는 다음 절차로 넘어가기에 앞서, 융통성을 갖고 그들이 가진 문제에 충분한 반응을 보여야 한다. 모임에 필요한 본질적인 문제를 다룰 기회는 얼마든지 있다. 그리고 매번 목표 달성을 다하지 못하더라도 너무 초조하게 생각하지 마라. 세라에게 리더 후보를 찾는 데 필요한 비전을 주는 것보다 지난주에 제기된 그녀의 갈등을 해결하는 일이 더 중요하다. 밥에게 그룹 모임에서의 토론 수준을 향상시키는 데 필요한 제안을 하는 것보다 그가 겪고 있는 가정의 위기를 듣고 이해하는 것, 즉 목양하는 일이 더 중요하다.

리더들과 일하면서 영적인 삶뿐 아니라 리더십 측면에서도 그들이 가진 능력과 성장의 한계를 발견하라. 그들만의 은사와 달란트가 무엇인지 확인하라.

리더들과 협력해서 그들의 전반적인 발전을 도모하라. 그들의 성장에 도움이 될 만한 한두 가지 실제적인 일을 찾아보라. 아이디어, 주요 성경구절, 설명 자료, 그들의 목표를 이루는 데 도움이 될 만한 개인적인 경험을 나누라. 다음 만남을 갖기 전에 그들이 할 수 있는 특별한 행동 절차를 함께 생각해 보라(책 읽기, 영성 훈련 실천, 관계 맺기 등).

4. 균형 잡힌 시각을 가지라

모임이 끝날 때마다(또는 일련의 모임이 마무리되면) 리더들과 함께 보낸 시간을 평가하여 통찰력을 얻고 객관적인 시각을 가져야 한다. 스스로에게 다음 질문을 해보라.

1. 리더는 내가 그의 말을 경청했다고 느꼈는가?
2. 보살핌을 받고 지지받았다고 느꼈는가?
3. 그들을 실제적인 방법으로 도왔는가?
4. 양육과 개발이 적절히 균형을 이루었는가?
5. 다음 모임 전에 사후관리가 필요한 이슈는 무엇인가?
6. 그들과 함께 시간을 보내면서 가르칠 기회를 포착했는가?
7. 그들이 도전받고, 더 알아야 할 필요성이 있다고 느끼는 것을 한 가지만 예로 든다면 무엇인가?

영적 성장을 돕는 유용한 질문을 만들라

일대일 만남의 일차적 목표는 목양, 즉 그들의 영적 성장을 돕는 것이다. 모임은 리더의 개인적인 기술 개발과 팀 세우기를 할 수 있는 기회를 제공한다. 대부분의 기회는 그들 자신이 갖는 의문과 소그룹을 운영하면서 겪는 도전에서 비롯된다. 다음으로 일대일 만남의 목적을 잘 생각해 보라. 다음에 제시된 질문을 응용하거나, 그중에 필요한 것을 선택하여 사용함으로써 리더들과의 대화를 시작하는 데 도움을 받으라. 서너 가지 질문이면 한 시간 정도의 대화 분량으로 충분하다.

영적 양육

- **신앙생활과 관련된 질문**
  - 언제 예수님을 믿기 시작했는가?
  - 결신에 가장 큰 영향을 준 사람은 누구인가?
  - 어떻게 해서 이 교회에 나오게 되었는가?
  - 이 교회와 관련해 아직 해결되지 않은 관심사 또는 문제가 있는가?
  - 지금까지 교회의 어느 부문에서 섬겨 왔는가? 그 경험이 당신에게 어떤 영향을 주었는가?
  - 정기적으로 실천하는 영성 훈련이 있는가?
  - 더 추가하거나 배우고 싶은 영성 훈련은 무엇인가?
  - 삶의 어떤 영역에서 죄에 대한 유혹과 싸움을 벌이는가?

- **관계 쌓기와 관련된 질문**
  - 당신의 삶에 영향을 준 사람은 누구인가? 어떤 방법으로 영향을 주었는가?
  - 당신의 삶에 영향을 준 책은 무엇이고, 어떤 영향을 주었는가?
  - 당신의 인생에서 중요한 전환점은 무엇인가?
  - 당신에게 사랑받는다는 느낌을 갖게 한 것은 무엇인가?
  - 당신의 성격과 기질은 어떤가?
  - 당신을 슬프게 하는 것은 무엇이고, 기쁨을 주는 것은 무엇인가? 또

_한 당신의 꿈은 무엇인가?
　　_당신에게 두려움을 주는 것은 무엇인가?
　　_도움이 필요한 개인적인 문제가 있는가?

기술 개발

기술 개발이 일대일 만남의 주안점은 아니지만, 이 만남은 리더들이 공적인 자리에서 털어놓을 수 없는 고충을 자유롭게 이야기할 수 있는 기회가 될 것이다. 일대일 만남이 있을 때마다 이 영역과 관련해 최소한 한 가지 질문을 하는 것이 좋다.

　　_현재 당신의 그룹에서 잘 이루어지고 있는 일 두 가지를 든다면 무엇인가?
　　_당신의 그룹 어느 영역에서 삶의 변화가 일어나는가?
　　_요술 지팡이를 가졌다면 그룹에서 당장 해결하고 싶은 과제나 걱정거리는 무엇인가?
　　_어떤 방법으로 그룹 멤버의 영성 개발을 돕는가?
　　_당신의 소그룹에서 현재 경험하는 과제나 문제는 무엇인가? 이와 관련해 어떤 도움을 받기 원하는가?
　　_리더십과 관련해 어떤 점이 자신의 강점이라고 생각하는가?
　　_기술 개발에서 가장 필요한 분야는 무엇인가?

팀 세우기

　　_어떤 방법으로 그룹 멤버에게 리더십의 비전을 보여 주는가?
　　_당신이 정성을 기울이고 있는 견습 리더는 누구인가?

_ 어떤 방법으로 견습 리더를 목양하고 개발하는가?
_ 이와 관련해 필요한 자원이나 도구는 무엇인가?
_ 그룹 규모가 커지면 언젠가 재생산(배가)을 해야 할 텐데 어떤 준비를 하고 있는가?

코치의 기술을 연마하라

연구 결과에 따르면 새로운 일을 배우는 데 일곱 번에서 스물한 번의 반복이 필요하고, 그 일이 습관이 되어 편안하게 느껴지기까지는 일곱 번에서 스물한 번을 더 반복해야 한다고 한다. 일대일 만남을 시작하자마자 편안한 마음을 갖는 사람은 별로 없다. 자신에게 배움의 여유를 주라. 다음은 일대일 만남의 운영 기술을 지속적으로 향상시킬 만한 몇 가지 정보다.

모범을 보이라

리더들은 코치의 삶을 표준으로 삼는다. 그러므로 코치가 영적 성장을 이루지 못한다면 리더들에게도 성장의 동기를 부여하기가 힘들다. 따라서 최선을 다해 그리스도로 충만한 삶의 본보기를 보여야 한다. 일대일 만남의 시간에 복종과 정직, 진실성의 본보기를 보이라. 도움이 된다면 그리스도, 그룹 리더십과 함께하는 삶에 대한 이야기나 예를 나누면서 당신의 영적 성장을 설명하라(본보이기에 대한 더 자세한 정보는 파트 3. '코치의 주요 실천 원리' 참조).

관찰하라

자신이 섬기는 리더들에 대해 연구하라. 그들의 달란트, 기술, 동기, 에너지, 관심사, 영적 성장에 대해 가능한 한 많은 것을 알아내라. 다양한 환경과 분위기에서 그들과 함께하려고 노력하라. 관찰을 통해서 일대일 대화를 위한 풍성하고 유용한 화제를 얻을 수 있다.

또한 일대일 만남을 갖는 다른 코치들을 관찰하기 바란다. 경험 많고 노련한 코치들과 대화를 나누다 보면 그들의 리더십에서 배울 점을 찾게 된다.

피드백을 구하라

코칭 관계에 대해 리더들에게 주기적으로 솔직한 피드백을 요청하라. 그룹을 리드하는 데 필요한 지지와 격려, 자원 공급을 받는다고 느끼는지, 당신과의 관계가 어떻게 향상되기를 바라는지 물어보라. 자기 방어에 주력하지 말고 경청하는 일에 최선을 다하라. 건설적인 비평은 듣기에 거북할 수도 있다. 하지만 의견을 제시해 준 데 대해 감사하고, 그에 대해 깊이 생각하고 기도하라.

칭찬하고 격려하라

코치는 선수를 컨트롤하지 않는다. 말로 격려해서 동기부여를 하고 확신을 주어야 한다. 리더가 자신의 모든 잠재력을 볼 수 있도록 말이다. 당신에게는 보이는데 그 자신은 인식하지 못하는 기술과 재능, 능력을 이야기해 주라. 그들 안에서, 그리고 그들을 통해 하나님이 하실 수 있는 가능성을 두고 그들과 함께 꿈꾸라. 그들을 지속적으로 격려하라!

훈련하라

리더가 최대한 자신의 잠재력을 발휘하도록 도우라. 최선의 훈련과 도구, 기술을 공급해서 그룹을 효과적으로 이끌도록 도와주라. 훌륭한 훈련은 그들의 지도 방법에 변화를 주고, 그룹과 멤버의 건강에 영향을 줄 것이다. 당신과 리더들에게 도움이 될 만한 새로 나온 서적, 테이프 또는 훈련 세미나를 활용하라.

코칭 관계에 있는 성도

코치는 교회 리더십의 지휘를 받아 섬긴다. 성도가 코치와 리더 관계에 참여하는 것이 적절한지 아닌지를 결정하는 것은 대부분 장로나 교회 행정기구의 소관 사항이다.

또한 코치는 그 교회와 교회를 둘러싸고 있는 지역 문화를 고려하여 섬김의 환경에 신경을 써야 한다. 어떤 문화는 미혼 남성과 여성이 만나는 것을 탐탁하게 생각하지 않을 수도 있다. 이런 상황에서 미혼 남녀의 만남을 조성하는 것은 교회 리더나 지역 교회의 평판에 손상을 줄 가능성이 있다.

이성 리더를 코치하는 경우라면 윌로크릭 교회의 장로님이 한 말이 유용한 지침이 될 수 있을 것이다. "성도를 가족처럼 생각해서 형제, 자매라고 부르며 인간관계를 유지했던 신약성경의 기자처럼 순결과 충성을 추구하라. '늙은이를 꾸짖지 말고 권하되 아버지에게 하듯 하며 젊은이에게는 형제에게 하듯 하고 늙은 여자에게는 어머니에게 하듯 하며 젊은 여자에게는 온전히 깨끗함으로 자매에게 하듯 하라' 딤전 5:1-2."

관계적인 순결을 위한 세 가지 테스트

관계적인 순결을 유지하기 위해서는 끊임없이 마음의 생각과 뜻을 판단하는 것이 중요하다 히 4:12. 다른 코치나 배우자, 스태프 멤버에게 책임감 있는 행동을 하도록 협력을 요청하는 것도 도움이 된다. 그들과 정기적으로 만나서 당신의 스케줄을 설명하고, 무엇이든 적절치 못하다는 생각이 들 때면 질문을 하도록 하라.

이성과 만날 계획을 세울 때, 또는 만나기 전에 자신한테 다음 질문을 해 보라.

1. 이 사람과 관련해 내 생각이나 의도에 불순한 요소는 없는가?
2. 배우자나 신뢰하는 친구 등 다른 사람과 함께 만날 때 내 행동과 자세를 바꿀 필요가 있는가?
3. 우리의 대화 내용이 다음 예배 중에 공개된다면 행동과 자세를 바꿀 필요가 있는가?

만약 이들 질문 중 "그렇다"라는 대답이 나온다면, 다음의 한두 가지 조치를 취해야 한다.

- 그 리더와의 만남을 미루거나 취소하라.
- 친구, 배우자 또는 스태프 멤버 중에서 현명한 상담자나 책임감 있는 행동을 하도록 도와줄 사람을 찾으라.
- 담당 소그룹의 핵심 관리자에게 이 리더의 코치를 다른 사람으로 바꿔 달라고 요청하라.

| 개발보조자료

영적 성장 가이드하기
목양 계획 개발

이 목양 계획은 윌로크릭 교회의 5G 개발 구조인 은혜Grace, 성장Growth, 그룹Group, 은사Gift, 선한 청지기의 삶Good Stewardship에 기초한 것이다. 리더들과 영적 성장에 대해 이야기할 때 가이드로 사용할 수도 있다. 이것은 당신의 교회 전략이나 언어와 맞지 않을 수도 있으므로 얼마든지 상황에 맞게 수정해서 사용하기 바란다. 어떤 형태의 구조를 사용하느냐가 중요한 것이 아니라 사용 가능한 구조가 있다는 것 자체가 중요하다.

다음 세 가지 용어는 이 계획을 사용할 때 기억해야 할 것이다.

평가서   일대일 만남 일주일 전에 당신의 리더에게 계획서 한 부를 전달하라. 그리고 얼마 동안 각 영역에 대해 생각해 보고 기도하도록 요청하라. 이들 영역에서 당신은 어떻게 대처할 생각인가? 경우에 따라서는 자신의 생각을 일기에 기록하는 리더도 있고, 박스 안에 메모하는 것을 택하는 사람도 있다.

영적 향상   리더는 그리스도와 동행하는 각 영역에서 하나님이 요청하실 수 있는 영적 성장의 다음 단계를 생각해야 한다. 가능한 많은 단계를 목록으로 작성한 다음, 위의 평가서와 함께 다음번에 만날 때 가지고 오도록 한다.

책임   리더와 만남을 가질 때, 자신의 평가 결과와 영적 향상에 대한 내용을 발표하도록 하고 그 이야기를 경청하라. 이는 리더와의 관계에서

목양 계획		
	질문	나의 계획
은혜 구원의 은혜를 경험하고 전하기 (고후 5:18-19)	• 하나님과 맺고 있는 관계는 어떤 상태인가? • 성령의 능력에 힘입어 사는가? • 어떤 잃어버린 영혼과 관계를 맺고 있는가? • 주일예배에 새로운 사람을 초대하는가?	
성장 그리스도가 중심이 되는 삶에서 성장하기 (히 10:24-25)	• 하나님의 말씀을 읽고, 읽은 말씀을 삶에 적용하는가? • 정기적으로 하나님과 혼자만의 묵상 시간을 갖는가? • 언제나 하나님이 내 생각과 마음, 몸을 주관하시는가?	
그룹 진정한 공동체 안에서 서로를 사랑으로 목양하기 (갈 6:2)	• 강한 관계를 형성하며 사는가? • 남의 말을 경청하는가? • 건강한 관계적 경계선을 유지하는가? • 다른 사람의 경계선을 존중하는가? • 사랑으로 진리를 가르치는가?	
은사 우리의 영적 은사를 발견하고, 개발하고, 배치하여 그리스도의 몸 섬기기 (롬 12:6-8)	• 내 열정과 은사에 맞는 영역에서 섬기는가? • 종의 자세로 내 은사 사용을 위해 끊임없이 노력하는가? • 섬기는 곳에 기쁨이 있는가?	
선한 청지기의 삶 하나님의 구속 목적을 위해 우리의 시간과 재물 관리하기 (마 25:40)	• 시간을 균형 있게 사용하는가? • 재정 자원을 하나님이 기뻐하시는 방향으로 사용하는가? • 교회 울타리를 넘어 세상을 섬기는 일에 얼마나 참여하는가?	

* 『삶을 변화시키는 소그룹 인도법』에 나오는 내용을 수정한 것임.

가장 소중한 시간이 될 수 있다. 중간 중간 확인 질문을 해도 되고, 리더가 설명하는 동안 격려하고 도전을 준다.

다음 단계에 대한 모든 가능성을 들은 다음, 앞으로 몇 주간 하고 싶은 것을 하나 고르게 한 다음 그것을 하는 데 도움을 주라. 시작은 어떻게 해야 할까? 이 영역에서의 성공이 그들의 인생에서 어떤 모습으로 나타날까?

진행 과정을 확인하고 필요하다면 보완할 수 있도록 양해를 구한다. 다음 일대일 만남이나 이메일을 통해, 또는 전화를 통해 필요한 확인 작업을 할 수 있다.

개발보조자료

기술 개발 가이드
코치와 리더의 대화를 위한 여덟 가지 가이드

리더와 일대일 만남을 시작하면서 맨 먼저 해야 할 일은 관계를 쌓고, 섬김 서약서(225-226쪽)를 작성하는 것이다. 그들의 관계(가족과 친구, 일을 포함하는), 그들의 영적 여정, 그들의 리더십 경험을 파악할 필요가 있다.

시간이 흐르면서 당신의 대화에 리더들의 기술 개발과 관련된 요소가 끼어들게 마련이다. 다음의 코칭 대화 가이드는 이런 이야기를 계획하는 데 도움이 될 것이다. 이는 성공적인 소그룹 리더들의 열쇠가 되는 여덟 가지 실천 원리에 초점을 맞춘 것이다.

개인 성장의 본보이기
리더 목양하기
진정한 관계 구축하기
건강한 방법으로 갈등 해소하기
보살핌과 사랑 베풀기
열린 공동체 되기
구도자에게 다가가기
미래의 리더 개발하기

이런 대화를 효과적으로 활용하는 데 필요한 지침을 제시하겠다.

1. 항상 점검에서부터 시작한다—리더의 사역 상태는 어떤가? 그들이 맡고 있는 그룹은 어떤가? 기술 훈련은 그들이 마음과 머리로 받아들일 때 실시되어야 한다.
2. 다음은 각 가이드의 네 가지 주요 부문인데, 코칭의 네 가지 주요 실천 원리와 일치한다.
   a. 본보이기—코치가 일대일 대화를 위해 마음의 준비를 하고 생각을 정리하도록 돕는 데 목적이 있다.
   b. 가이드하기—질문을 통해 서리더들이 대화 기술, 또는 도움을 필요로 하는 다른 영역에서 어느 정도 진전을 이루었는지 평가하도록 돕는다.
   c. 꿈 심어 주기—리더가 특정한 기술이 갖는 목적과 가치를 깨닫도록 정보를 제공하고 이에 대한 질문을 한다.
   d. 무장시키기—코치와 리더, 코치 또는 리더를 위한 추가적인 훈련 자원을 제공한다.

3. 대화 가이드를 다시 살펴보면서 리더들에게 큰 도움이 되는 부문과 질문을 선택하라. 각각의 가이드는 여러 만남에 충분할 만큼의 질문을 담고 있다. 어느 질문이 이 시간, 이 리더에게 가장 적합할지 기도하면서 고민해 보라. 대부분의 리더에게는 잘 정리된 한두 가지 질문이면 한 시간 정도의 대화를 나누는 데 충분하다.

코칭 대화 1 개인 성장의 본보이기

목적

리더가 다른 사람을 이끄는 삶에서 온전히 성장하면서 기쁨과 겸손, 감사가 더해 가는 가운데 하나님을 섬기도록 돕는다.

주요 성경구절

내가 그리스도를 본받는 자가 된 것 같이 너희는 나를 본받는 자가 되라 고전 11:1.

내가 이미 얻었다 함도 아니요 온전히 이루었다 함도 아니라 오직 내가 그리스도 예수께 잡힌 바 된 그것을 잡으려고 달려가노라 빌 3:12.

또한 모든 것을 해로 여김은 내 주 그리스도 예수를 아는 지식이 가장 고상하기 때문이라 내가 그를 위하여 모든 것을 잃어버리고 배설물로 여김은 그리스도를 얻고 빌 3:8.

본보이기(코치 참고사항)

이 대화를 준비하면서 다음 질문을 생각해 보라.

_ 날마다 그리스도 안에서 살기 위해 어떤 일을 하는가?
_ 그리스도로부터 멀어지게 하는 것에 무엇이 있는가?
_ 리더를 성장시키는 데 어떤 경험이 도움이 되는가?

가이드하기

리더에게 자신의 영적 여정을 이야기하게 하라. 이때는 주의를 기울여 듣고, 그들의 여정에서 드러나는 성장이나 고충의 요점을 살펴보라.

_ 지금까지 성장하는 데 어떤 영성 훈련이나 실천 원리가 도움이 되었는가?
_ 규칙적으로 실천하는 훈련은 무엇인가?
_ 영적 여정에 영향을 준 세 사람을 예로 들어 보라. 그들은 어떤 영향을 주었는가?
_ 그리스도와 동행하는 삶에 도움을 준 책이나 저자가 있는가?
_ 여정에서 반복해 일어나는 과제나 죄는 무엇인가? 이런 유혹에 어떻게 대처하는가?

꿈 심어 주기

영향을 준다는 것은 시간이 걸리는 작업이다. 바울은 자기와 같은 자세를 가지라고 빌립보서 3장 15절을 통해 도전을 주었다. 영향을 주는 일이 결코 쉽지 않지만 포기해서는 안 된다. 인내는 장애를 극복한다는 뜻 외에 일관성, 끈기, 배우는 삶이라는 의미를 내포하고 있다. 영향을 주기 위해서는 삶의 모든 단계를 어떻게 살아갈 것인지 알아야 한다. 신앙 여정에서 우리는 모두 비슷한 상황에 직면하게 된다.

하나님의 역사와 영적 성장을 경험하는 가슴 벅찬 시기가 있다. 항상 그럴 수는 없으므로 영적 태만에 빠지지 않도록 주의를 기울여야 한다.
- 신앙생활 중 언제 성장의 시기를 경험했는가?

고통과 믿음의 시련을 경험하는 시기가 있다. 피할 수 있었으면 하고 바라는 시기다. 비록 견디기는 힘들지만, 이런 시기는 영적 성장을 위한 비옥한 토양이다. 이런 때일수록 하나님의 손길을 구하고, 고통이나 도전이 갖는 목적을 이해하는 것이 성장을 지속하기 위한 열쇠가 되기도 한다.
- 언제 고통과 믿음의 시련을 경험했는가?
- 투쟁 과정에서 하나님의 손길을 느끼게 한 것은 무엇인가?

하나님과의 거리감을 느끼는 시기가 있다. 이때 하나님이 우리의 삶에 함께 하시기를 바란다. 하나님과 멀어져 만날 수 없을 것처럼 느껴질 때, 하나님을 추구하는 것이 성장을 지속하기 위한 열쇠가 된다. 틀에 박힌 삶을 바꾸는 것도 하나님과 함께하는 삶을 회복하는 데 도움이 된다.
- 하나님과 멀어졌다고 느낀 때는 언제인가?
- 친밀감을 회복하기 위해 어떤 일을 했는가?

무장시키기

기도, 성경공부, 예배, 베풀기, 혼자만의 시간 solitude, 책임 있는 자기관리 등은 하나님을 구하는 데 도움을 준다.
- 그리스도와 동행하는 삶을 위해 개발하기 원하는 습관이나 훈련에 어떤 것이 있는가? 내가 어떻게 도와주면 되겠는가?

다음 자료를 추천해 주는 건 어떨까?

_존 오트버그 John Ortberg 의 『평범 이상의 삶 The Life You've Always Wanted』 (사랑플러스, 2006)은 영적 통찰력을 삶에 적용하는 데 도움을 준다.

_리처드 포스터 Richard Foster 의 『영적 훈련과 성장 Celebration of Discipline』(생명의말씀사, 1995)은 영성 훈련의 고전이다.

코칭 대화 2 리더 목양하기

목적
리더가 그룹 멤버의 말을 경청하고, 그들을 통해 의도적으로 하나님의 일을 하도록 도와줌으로써 영적 성장의 다음 단계를 발견하고 실천하도록 한다.

주요 성경구절
이는 성도를 온전하게 하여 봉사의 일을 하게 하며 그리스도의 몸을 세우려 하심이라 우리가 다 하나님의 아들을 믿는 것과 아는 일에 하나가 되어 온전한 사람을 이루어 그리스도의 장성한 분량이 충만한 데까지 이르리니 엡 4:12-13.

주께 합당하게 행하여 범사에 기쁘시게 하고 모든 선한 일에 열매를 맺게 하시며 하나님을 아는 것에 자라게 하시고 골 1:10.

우리 주 곧 구주 예수 그리스도의 은혜와 그를 아는 지식에서 자라 가라 벧후 3:18.

본보이기(코치 참고사항)
이 대화를 준비하면서 다음 질문을 생각해 보라.

- 이 리더에게 어떤 방법으로 목양의 본을 보였는가?
- 리더를 성장시키기 위해 일대일 만남의 시간을 더 잘 활용할 수 있는 방법은 무엇인가?

가이드하기

묵상 시간을 갖고 당신의 소그룹 리더십을 점검해 보라. 양 무리를 목양할 때 목양의 어떤 구성 요소가 당신에게 자연스러운가? 어떤 구성 요소가 의지와 노력을 필요로 하는가? 당신의 은사와 경험에 따라 목양은 리더로서 자신에게 도전이 될 수 있다. 다음 질문이 도움이 될 것이다.

_ 그룹 멤버 한 사람 한 사람의 영적 여정을 파악하기 위해 당신이 취한 조치는 무엇인가?
_ 그룹 멤버의 성장 징후가 보이는가?
_ 그룹 멤버는 영적 여정의 어디쯤 와 있는가? 그들은 지금 어떤 문제와 씨름하는가?
_ 당신은 그룹 멤버가 수행하는 하나님의 일을 어떻게 격려하는가?
_ 그룹 멤버를 성장으로 이끌기 위해 어떤 조치를 취하는가? (공식적인 회의 시간뿐 아니라 회의를 떠나서도 멤버를 성장시키는 방법에 대해 생각해 보도록 리더를 격려하라.)

꿈 심어 주기

목양을 향한 하나님의 마음을 이해하도록 리더들에게 다음 성경구절을 깊이 생각하도록 하라. 함께 읽고 이야기를 나눈다면 유익할 것이다.

시 23편   요 10:1-21   벧전 5:1-4
겔 34장   요 21:15-19

- 위의 말씀을 통해 목양을 향한 하나님의 마음에서 배울 수 있는 것은 무엇인가?

- 당신에게 자연스러운 것은 목양의 어떤 영역이고, 개발이 필요한 것은 어떤 영역인가?

무장시키기

다음은 이 영역에서 리더의 성장에 도움이 되는 자료들이다.

_ 빌 도나휴, '제자 삼기'『삶을 변화시키는 소그룹 인도법』
_ '기술'『삶을 변화시키는 소그룹 인도법』
_ 헨리 클라우드 Henry Cloud 와 존 타운센드 John Townsend, 『성장 프로젝트 How People Grow』(좋은씨앗, 2003)

코칭 대화 3 진정한 관계 구축하기

목적

리더가 공식・비공식 모임에서 상호작용을 극대화하도록 도와줌으로써 그룹 멤버가 서로 책임을 지는 환경에서 진정한 관계를 이어 가도록 한다.

주요 성경구절

철이 철을 날카롭게 하는 것 같이 사람이 그의 친구의 얼굴을 빛나게 하느니라 잠 27:17.

이 교훈의 목적은 청결한 마음과 선한 양심과 거짓이 없는 믿음에서 나오는 사랑이거늘 딤전 1:5.

형제를 사랑하여 서로 우애하고 존경하기를 서로 먼저 하며 롬 12:10.

그리스도의 말씀이 너희 속에 풍성히 거하여 모든 지혜로 피차 가르치며 권면하고 시와 찬송과 신령한 노래를 부르며 감사하는 마음으로 하나님을 찬양하고 골 3:16.

그러므로 피차 권면하고 서로 덕을 세우기를 너희가 하는 것 같이 하라 살전 5:11.

서로 돌아보아 사랑과 선행을 격려하며 히 10:24.

본보이기(코치 참고사항)
이 대화를 준비하면서 다음 질문을 생각해 보라.

_ 리더와의 일대일 만남에서 어떻게 열린 마음과 진실성의 본을 보여 주는가?
_ 리더십 모임에서 진정한 관계를 격려하기 위해 하는 활동이나 사용하는 수단은 무엇인가?
_ 리더들과의 깊은 관계를 위해 당신의 행동에서 변화가 필요한 부분(판단, 비평, 얕잡아보기, 과소평가하기, 부적절한 농담 등)은 무엇인가?

가이드하기
관계 형성은 회의 밖에서 일어날 뿐 아니라 회의 중에도 일어난다. 리더와 대화하면서 이 기회를 최대한 활용하는 방안을 생각하도록 돕는다.

회의 중
_ 그룹 멤버와 함께한 시간은 얼마나 되고, 그들은 얼마나 강한 연대감을 유지하는가?
_ 통상적인 회의에서 이루어지는 토론과 상호작용에 대해 이야기해 보라.
_ 입을 다물고 있는 사람, 말이 너무 많은 사람이나 너무 오래 이야기하는 사람을 어떻게 다루는가?
_ 토론이 어떻게 변화되거나 향상되기를 바라는가?

회의 밖
_ 회의 밖의 삶에서 어떻게 그룹 멤버와 유대감을 유지하는가?
_ 그룹 멤버는 회의 밖의 삶에서 어떤 방법으로 서로 연락을 취하는가?(예

를 들어 전화, 이메일, 함께 커피나 식사하기, 여행 등)
_정기적인 공부나 회의 시간 외에 리더들은 어떤 그룹 활동이나 행사, 휴식 시간을 계획하는가?

꿈 심어 주기

도움이 된다고 판단이 서면 다른 리더들이 회의 밖 시간을 어떻게 활용하여 그룹 멤버와 함께 또는 그룹 멤버 간의 관계를 쌓는지 예를 들어 설명하라. 리더들은 때때로 현재 운용하는 그룹 모임의 커리큘럼을 변경하여 깊은 나눔을 갖고 상호작용의 폭을 넓힐 수 있다. 다음과 같은 간단한 아이디어를 통해 리더들에게 도움을 준다.

바람직한 공부를 위한 지침

교리적 순결성   공부는 그리스도 중심적이어야 한다. 그룹 참여자를 분열시킬 수 있는 주제는 되도록 피하라.
관계성   모든 공부에는 개인적이고 나눔을 갖는 요소가 포함되어야 한다.
적용 지향성   단순한 지식이 아닌, 행동과 책임이 목표가 되어야 한다.
필요에 대한 민감성   그룹 모임에 소요되는 시간, 그룹 멤버들이 부담 없이 감당할 수 있는 숙제 분량, 그들의 영적 성숙도를 염두에 둔다.

리더들과 함께 다음 내용에 대해 생각해 보라.

공동체는 우리의 한계나 두려움, 이기심이 드러나는 곳이다. 우리의 부족과 연약함, 일부 사람과 잘 어울리지 못하는 속성, 정신적·감정적 장벽, 정서적·성적 불안감, 절대 채워지지 않는 욕망, 좌절감과 질투심, 미움과 파괴의 욕구를 발견하는 곳이다. 우리는 혼자 있을 때면 모든 사람을 사랑할 수 있다고 믿는다. 그러나 다른 사람과 함께 있고 함께 생활할 때면 우리가 얼마나 사랑에 무력한지, 얼마나 다른 사람에 대해 거부감을 갖는지, 얼마나 자신 안에 갇혀 있는지를 발견하게 된다. 공동체는 구성원이 한 몸이 되고 풍성한 생명을 줄 수 있도록 자아의 힘이 드러나고 또한 자아가 죽어야 하는 곳이다.

—장 바니에 Jean Vanier, 『공동체와 성장 Community and Growth』

(성바오로출판사, 1999)

무장시키기

이 영역에서 리더의 성장에 도움이 되는 자료가 『삶을 변화시키는 소그룹 인도법』의 다음 부분에 실려 있다.

- _ '올바른 커리큘럼을 선택하고 사용하기'
- _ '기술'
- _ '관계 형성 실습'

코칭 대화 4 건강한 방법으로 갈등 해소하기

목적
리더들이 사랑 안에서 진실을 말함으로써 그룹 멤버에게 하나님이나 다른 사람과의 관계에서 화해를 이룰 수 있는 환경을 만들어 주는 데 목적이 있다.

주요 성경구절

마지막으로 말하노니 너희가 다 마음을 같이하여 동정하며 형제를 사랑하며 불쌍히 여기며 겸손하며 악을 악으로, 욕을 욕으로 갚지 말고 도리어 복을 빌라 이를 위하여 너희가 부르심을 받았으니 이는 복을 이어받게 하려 하심이라^{벧전 3:8-9}.

범사에 오래 참음과 가르침으로 경책하며 경계하며 권하라^{딤후 4:2}.

누가 누구에게 불만이 있거든 서로 용납하여 피차 용서하되 주께서 너희를 용서하신 것 같이 너희도 그리하고^{골 3:13}.

네 형제가 죄를 범하거든 가서 너와 그 사람과만 상대하여 권고하라 만일 들으면 네가 네 형제를 얻은 것이요^{마 18:15}.

본보이기(코치 참고사항)
이 대화를 준비하면서 다음 질문을 생각해 보라.

_삶 속에서 겪는 갈등을 어떤 방식으로 해결하는가?

_ 이 영역에서 당신이 가진 장점과 단점은 무엇이라고 생각하는가?
_ 당신과 리더들 사이에 아직 해결되지 않은 채 남아 있는 갈등은 무엇인가? 그것을 어떻게 해결할 생각인가?

가이드하기

_ 성경을 보면 "오직 사랑 안에서 참된 것을 하여"엡 4:15라고 말씀한다. 이 말씀 중 당신에게 더 어렵게 느껴지는 부분은 어느 것인가? 참된 것을 말하라는 것인가, 아니면 사랑 안에서 말하라는 것인가? 이것이 당신의 건강한 갈등 해소에 어떤 영향을 미치는가?
_ 성경은 관계 안에서 갈등을 어떻게 해소하라고 가르치는가?
_ 당신의 자연스러운 갈등 해소법은 무엇인가? 그것은 성경의 가르침과 어떻게 일치하고, 어떻게 다른가?
_ 당신의 그룹에서 일어나는 의견 대립, 마음의 상처 또는 깨진 관계를 어떤 방법으로 해결해 왔는가?
_ 현재 당신의 그룹 내에 긴장이나 갈등이 있다면 어떤 것인가?

꿈 심어 주기

그룹 생활에서 갈등은 통상적으로 일어나는 일이며, 자연스러운 일이라는 사실을 리더들에게 이해시키라. 가장 훌륭한 그룹도 예외가 될 수는 없다. 래리 크랩은 "갈등은 언제나 모든 인간관계에 잠복해 있다. 그것은 방아쇠를 당겨 주기만 기다린다"라고 말했다.

_ 리더들에게 그룹 생활에서 일어나는 갈등의 근본적인 원인을 이해시키라.

갈등 단계 소그룹을 시작한 후 처음 며칠간은 모두 서로를 사랑한다고 생각한다. 이는 서로 잘 알지 못하기 때문이다. 그러나 몇 번 만나다 보면 신선함이 점점 사라진다. 그리고 그 자리에는 서로에 대한 상처와 실망스러운 점이 드러나기 시작한다. 그러다가 6개월도 안 되어 갈등을 경험하는 것이 보통이다.

관계를 벗어난 그룹 멤버 관계에서 벗어난 사람은 대인관계나 그룹의 역동성에 대해 무지하거나 무관심한 것처럼 보여지게 마련이다.

필요를 가진 그룹 멤버 정당한 이유로 그룹의 사랑과 관심을 좀 더 필요로 하는 사람이다. 이런 필요가 만성적이거나 오랜 기간 해결되지 않으면 긴장감이 발생한다.

대인관계의 긴장 때때로 모든 사람을 피곤하게 만드는 사람이 있다. 그런 사람은 보통 의도적으로 상대의 감정을 상하게 만들거나, 고통을 주지는 않지만 종종 그룹 멤버들 사이에서 충돌과 마찰을 일으킨다.

갈등 해결에 대한 성경적 견해를 더 잘 이해하도록 함께 연구하라. 위에 열거한 사항 외에 다음 성경구절이 리더에게 필요한 지침이 될 것이다.

마 18:15-17
엡 4:26-27
잠 15:23, 28
딤후 2:24
마 5:23-24
고전 13장
잠 20:3
약 4:2

무장시키기

다음은 이 영역의 리더 성장에 유익한 자료다.

_ '갈등 해소' 『삶을 변화시키는 소그룹 인도법』
_ '대면할 수 있을 만큼 진실한 관계를 맺기: 갈등을 통과하는 창조적인 방법' 『삶을 변화시키는 소그룹 인도법』
_ 빌 도나휴 · 러스 로빈슨Russ Robinson, '선한 싸움을 싸우는 법' 『소그룹 줄타기』Walking the Small Group Tightrope
_ 데이비드 옥스버거, 『맞설 수 있을 만큼 돌보기』Caring Enough to Confront

코칭 대화 5 보살핌과 사랑 베풀기

목적

리더와 그룹이 다른 사람의 필요를 개인적으로, 그리고 교회 자원을 통해 보살핌으로써 그리스도의 사랑을 표현하도록 돕는다.

주요 성경구절

보는 바 그 형제를 사랑하지 아니하는 자는 보지 못하는 바 하나님을 사랑할 수 없느니라 우리가 이 계명을 주께 받았나니 하나님을 사랑하는 자는 또한 그 형제를 사랑할지니라 요일 4:20-21.

사랑으로 서로 종 노릇 하라 갈 5:13.

너희가 짐을 서로 지라 갈 6:2.

마음으로 뜨겁게 서로 사랑하라 벧전 1:22.

각각 은사를 받은 대로 하나님의 여러 가지 은혜를 맡은 선한 청지기 같이 서로 봉사하라 벧전 4:10.

본보이기(코치 참고사항)

이 대화를 준비하면서 다음 질문을 생각해 보라.

_ 리더들에게 어떤 방법으로 보살핌과 사랑을 베풀었는가?
_ 대화에서 리더들은 어떻게 당신의 보살핌과 사랑을 받기 원하는가?

_ 리더들을 보살피는 데 장애가 되는 것은 무엇인가? 그것을 어떻게 극복하겠는가?

가이드하기

_ 그리스도의 몸인 당신의 그룹은 어떻게 서로 보살피는가? (리더들에게 최근의 몇 가지 예를 소개한다. 리더들이 직접 그룹 멤버를 돌보는 것 외에 서로 보살피도록 그룹을 격려하는지 살펴보라.)

_ 당신의 그룹이 이 영역에서 어려움을 겪는다면 어떻게 그들을 지도해서 가시적인 그리스도의 사랑을 표현하도록 하겠는가?

_ 그룹이 짐을 서로 지라는 갈라디아서 6장 2절 말씀과 각자 자기의 짐을 질 것이라는 갈라디아서 6장 5절 말씀의 균형을 어떻게 찾아야 하는가?

_ 그룹의 해결 능력을 벗어나는 필요에는 어떤 것이 있는가?

꿈 심어 주기

리더들과 함께 다음에 인용된 성경말씀과 그리스도인 저자의 글을 깊이 생각해 보라.

> 세상에서는 너희가 환난을 당하나 요 16:33.

> 찬송하리로다 그는 우리 주 예수 그리스도의 하나님이시요 자비의 아버지시요 모든 위로의 하나님이시며 우리의 모든 환난 중에서 우리를 위로하사 우리로 하여금 하나님께 받는 위로로써 모든 환난 중에 있는 자들을 능히 위로하게 하시는 이시로다 고후 1:3-4.

삶의 고통이 엄습할 때 우리는 누군가 함께 있어 줄 사람을 원한다. 비록 함께 있고 싶은 마음이 없는 사람이라 하더라도 말이다. 우리를 위로하려고 애쓰는 모습을 원하는 것은 아니다. 선의로 하는 일이라 할지라도, 그러한 노력은 우리의 환난에 고통을 더해 줄 뿐이다.

— 래리 크랩, 『좌절된 꿈 Shattered Dreams』(좋은씨앗, 2003)

고통당하는 사람과 함께 있을 때 나는 무력감을 느낀다. 무력감과 함께 죄책감을 느낀다. 그들 곁에 서서 얼굴 표정이 일그러지는 것을 바라보면서, 그리고 그들의 한숨과 신음을 들으면서 우리 사이에 가로놓인 깊은 심연을 본다. 나는 그들의 고통에 참여할 수 없다. 그저 바라만 볼 뿐이다. 내가 하는 어떤 말도 힘이 없고 뻣뻣하다. 마치 학창 시절 연극 대사를 암송할 때처럼.

— 필립 얀시, 『내가 고통당할 때 하나님은 어디 계십니까 Where Is God When It Hurts』(생명의말씀사, 2002)

- 자신의 감정과 경험에 비춰 봤을 때 이런 생각에 당신은 얼마나 공감하는가?
- 어떤 면에서 이것이 당신 자신과 그룹의 실상을 드러낸다고 생각하는가?

무장시키기

이 영역에서 리더들을 성장시키는 데 다음 자료가 도움이 될 것이다. 이것은 교회나 공동체에서 리더들이 도움을 얻는 자료 목록이다.

_ '구성원들을 격려하기' 『삶을 변화시키는 소그룹 인도법』
_ 필립 얀시, 『내가 고통당할 때 하나님은 어디 계십니까』
_ 래리 크랩, 『좌절된 꿈』

_ 빌 도나휴 · 러스 로빈슨, '상처 치료냐, 군대 훈련이냐'『소그룹 줄타기』

_ 게리 채프먼Gary Chapman, 『5가지 사랑의 언어The Five Love Languages』
(생명의말씀사, 2003)

코칭 대화 6 열린 공동체 되기

목적

리더들과 그들이 이끄는 그룹이 누구나 공동체를 경험하도록 다른 사람을 그룹에 초청하여 참여시키는 데 목적이 있다.

주요 성경구절

그러므로 그리스도께서 우리를 받아 하나님께 영광을 돌리심과 같이 너희도 서로 받으라 롬 15:7.

나그네 되었을 때에 영접하였고 마 25:35.

본보이기(코치 참고사항)

이 대화를 준비하면서 다음 질문을 생각해 보라.

_ 과거에 당신이 이끌었던 그룹에 대해 생각해 보라. 당신이 맡은 그룹에 새로운 사람을 합류하는 과정에서 경험한 고충과 성공 사례를 말해 줄 수 있는가?
_ 당신이 보살피는 그룹을 어떻게 가르치고, 본을 보이고, 포용성을 격려하겠는가?

가이드하기

_ 소그룹 활동이 당신의 삶에 어떤 영향을 주었는가? 만약 소그룹에 초청 받지 않았다면 어땠을 거라고 생각하는가? 당신의 삶이 지금과 어떻게 달라졌을 거라고 예상하는가?

_ 당신의 소그룹에 새로운 사람을 초청하면서 발생한 최악의 상황은 무엇인가?

_ 당신의 소그룹에 새로운 사람을 초청하면서 발생할 수 있는 최선의 상황은 무엇인가?

_ 새로운 사람을 합류시키는 문제를 놓고 토의할 때 부딪치는 반대나 어려움은 무엇인가?

_ 지난번 소그룹 모임을 잘 생각해 보라. 새로 온 사람을 불안하게 만든 일은 없었는가? 새로운 멤버가 좀 더 환영받는다는 느낌을 갖도록 하기 위해 어떤 점을 개선해야 하는가?

꿈 심어 주기

리더들과 함께 다음에 인용한 성경구절과 그리스도인 저자의 글을 깊이 생각해 보라.

> 그러므로 너희는 가서 모든 민족을 제자로 삼아 아버지와 아들과 성령의 이름으로 세례를 베풀고 내가 너희에게 분부한 모든 것을 가르쳐 지키게 하라 볼지어다 내가 세상 끝날까지 너희와 항상 함께 있으리라 하시니라 마 28:19-20.

> 그런즉 그들이 믿지 아니하는 이를 어찌 부르리요 듣지도 못한 이를 어찌 믿으리요 전파하는 자가 없이 어찌 들으리요 보내심을 받지 아니하였으면 어찌 전파하리요 롬 10:14-15.

사랑의 공동체는 매력이 있다. 그리고 매력 있는 공동체는 당연히 다른 사람을 향해 열려 있다. 생명이 새로운 생명을 낳고…… 사랑은 절대 정체되지 않는다. 인간의 마음은 진보하지 않으면 퇴보한다. 좀 더 열리지 않으면 닫힌다. 영적으로 시든다. 두려움, 권태, 불안감, 편안함에 매달리고 싶은 욕구, 아니면 이제 그만하면 됐다는 생각, 그 어떤 것이든 간에 환영을 거부하는 공동체는 죽어 가는 공동체다.

―장 바니에, 『공동체와 성장』

배타성은 공동체의 커다란 적이다. 그룹은 가난한 사람, 회의주의자, 이혼한 사람, 죄인, 또는 공동체와 다른 인종이나 국민이라는 이유로 다른 사람을 따돌린다. 그들은 파벌주의자이고 공동체를 지키는 요새다. …… 진정한 공동체로 남기 원한다면 확장을 지속해야 한다. 배타성은 그 정당성을 입증해야 한다. 진정한 공동체는 "이 사람을 받아들이는 것을 어떻게 정당화할 것인가?" 하고 묻지 않는다. 대신 "이 사람을 받아들이지 않는 것을 도대체 어떻게 정당화할 생각인가?" 하고 묻는다.

―스콧 펙, 『공동체의 진정한 의미 The True Meaning of Community』

정기적으로 새 생명을 받아들이지 않는 양육 그룹의 예를 들어보라. 자신 있게 말하지만 그것은 죽어 가는 그룹이다. 만약 소그룹이 구속을 원하는 조직이라고 한다면, 아무도 구명대 버튼을 잠가 놓고 "당신은 여기 들어올 수 없습니다" 하는 사인을 걸 수 없다. 그룹 멤버가 제자화를 위해 문을 걸어 잠근다는 생각을 갖는다면 그것은 교회의 선교적 사명을 파괴하는 재앙이다.

―칼 조지 Carl George, 『성장하는 미래교회 메타교회 Prepare Your Church for the Future』(요단출판사, 1999)

• 위의 글에서는 하나님의 마음과 열린 마음에 대해서 무엇을 가르쳐 주

는가?
- 이 글이 당신의 리더십과 그룹에 주는 도전은 무엇인가?

무장시키기

이 영역에서 리더의 성장에 도움을 줄 수 있는 자료는 다음과 같다.

_ '그룹의 양적 성장' 『삶을 변화시키는 소그룹 인도법』
_ '소그룹에 누가 오는지 맞춰 보세요!' 『소그룹 줄타기』
_ 제프리 아널드Jeffrey Arnold, 『밖으로 나가는 소그룹: 그룹을 내부지향에서 외부지향으로 바꾸기Small Group Outreach: Turning Groups Inside Out』

코칭 대화 7 **구도자에게 다가가기**

목적

리더들과 그들이 이끄는 그룹이 구도자와 관계를 맺고, 구도자의 삶을 이해하고, 하나님의 사랑으로 그들에게 영향을 주어 그리스도와의 개인적 관계를 경험하도록 하는 가장 좋은 길을 찾도록 돕는 데 그 목적이 있다.

주요 성경구절

그 잃어버린 자를 내가 찾으며 쫓기는 자를 내가 돌아오게 하며 겔 34:16.

그리스도의 사랑이 우리를 강권하시는도다 우리가 생각하건대 한 사람이 모든 사람을 대신하여 죽었은즉 모든 사람이 죽은 것이라 그가 모든 사람을 대신하여 죽으심은 살아 있는 자들로 하여금 다시는 그들 자신을 위하여 살지 않고 오직 그들을 대신하여 죽었다가 다시 살아나신 이를 위하여 살게 하려 함이라 고후 5:14-15.

그러므로 우리가 그리스도를 대신하여 사신이 되어 하나님이 우리를 통하여 너희를 권면하시는 것 같이 고후 5:20.

그러므로 너희는 가서 모든 민족을 제자로 삼아 아버지와 아들과 성령의 이름으로 세례를 베풀고 내가 너희에게 분부한 모든 것을 가르쳐 지키게 하라 볼지어다 내가 세상 끝날까지 너희와 항상 함께 있으리라 하시니라 마 28:19-20.

본보이기(코치 참고사항)

이 대화를 준비하면서 다음 질문을 깊이 생각해 보라.

- _ 당신의 삶과 전도 자세에 대해 신중히 생각해 보라. 당신이 아는 구도자, 또는 하나님과 관계가 없는 세 명의 이름을 각각 적어 보라. 그들과 관계를 맺기 위해 어떤 절차를 밟고 있는가? 그들과 영적 대화를 시작하기 위해 어떤 준비를 하고 있는가?
- _ 이 영역에 대한 당신의 도전과 리더들이 직면하고 있는 도전의 유사점은 무엇인가?

가이드하기

- _ 그리스도를 대신하여 사신이 된다는 것이 무엇을 의미하는가? 그렇게 산다면 우리의 삶은 어떻게 달라지는가?
- _ 하나님의 복음을 어떻게 세상에 전할 것인가? 당신에게 맞는 방법은 어떤 것인가?
- _ 메시지를 전하기 위한 소그룹의 역할은 무엇인가?
- _ 구도자를 그룹에 참여시킨다고 할 때 당신이 이끄는 그룹이 어떤 반응을 보일 거라고 생각하는가?
- _ 직장이나 이웃, 또는 가정에서의 관계를 잘 생각해 보라. 그리스도 또는 공동체를 향해 마음을 열 수 있는 사람은 누구인가?
- _ 그리스도의 사랑을 세상에 전해야 한다고 언제 그룹에게 이야기해 주었는가?

꿈 심어 주기

다음 지침을 함께 생각해 보고 그룹에 전도의 가치를 인식시키라.

전도를 촉진하는 커리큘럼을 선택하라.
_ 은혜에 대해 공부한다.
_ 전도와 관련해 현재 가진 문제점을 연구한다.
_ 다양한 그룹의 사람을 향한 예수님의 반응을 공부한다.
_ 끊임없이 주변 세상을 향해 말씀을 전한다.

그룹을 봉사 프로젝트로 이끌라.
_ 세상을 향한 그리스도의 사랑을 보여 주는 본보기를 만들라.
_ 꾸준히 실천하라. 봉사 프로젝트는 부활절이나 크리스마스 등 시즌에만 하는 특별한 활동이 아니다.

잃어버린 사람의 이름을 한 사람씩 불러 가며 기도하라.
_ 실내에 빈 의자를 놓아 두고 하나님을 알지 못하는 사람을 생각하며 기도하는 것도 하나의 방법이다.

소그룹에서 다음과 같은 구도자의 필요에 대해 리더들과 대화를 나누라. 다음은 게리 풀Garry Poole의 『전염성 있는 그룹 만들기Building Contagious Groups』에서 뽑은 것이다.

그들이 있는 곳 어디서나 환영받는다.
이야기에 귀를 기울이고 이해하기 위해 노력한다.
끈기 있게 기다려 준다.
보살피고 섬긴다.
항상 기도해 준다.

- 리더로서 구도자의 필요를 충족시키기 위해 취할 수 있는 추가적 절차는 무엇인가?
- 그룹 멤버에게 권장할 만한 추가 절차는 무엇인가?

무장시키기

다음 자료는 이 영역에서 리더를 성장시키는 데 도움을 줄 것이다.

_ '소그룹에 구도자를 초대하는 일' 『삶을 변화시키는 소그룹 인도법』
_ 게리 풀, 『구도자를 위한 소그룹 Seeker Small Group』(국제제자훈련원, 2007)
_ 제프리 아널드, 『밖으로 나가는 소그룹: 그룹을 내부지향에서 외부지향으로 바꾸기』

코칭 대화 8 미래의 리더 개발하기

목적
우리의 삶에서, 그룹에서, 공동체에서 그리스도 구원의 목적 성취를 위해 리더들이 새로운 세대를 육성하도록 돕는 데 그 목적이 있다.

주요 성경구절
내게 들은 바를 충성된 사람들에게 부탁하라 그들이 또 다른 사람들을 가르칠 수 있으리라 딤후 2:2.

그가 어떤 사람은 사도로, 어떤 사람은 선지자로, 어떤 사람은 복음 전하는 자로, 어떤 사람은 목사와 교사로 삼으셨으니 이는 성도를 온전하게 하여 봉사의 일을 하게 하며 그리스도의 몸을 세우려 하심이라 우리가 다 하나님의 아들을 믿는 것과 아는 일에 하나가 되어 온전한 사람을 이루어 그리스도의 장성한 분량이 충만한 데까지 이르리니 엡 4:11-13.

그에게서 온 몸이 각 마디를 통하여 도움을 받음으로 연결되고 결합되어 각 지체의 분량대로 역사하여 그 몸을 자라게 하며 사랑 안에서 스스로 세우느니라 엡 4:16.

이에 열둘을 세우셨으니 이는 자기와 함께 있게 하시고 또 보내사 전도도 하며 막 3:14.

본보이기(코치 참고사항)
이 대화를 준비하면서 다음 질문을 깊이 생각해 보라.

_ 견습 리더의 생활을 경험했다면, 그로부터 얻은 유익은 무엇인가?
_ 견습 리더를 성공적으로 개발하고 정착시킨 그룹 리더들을 떠올려 보라. 그들의 이야기 중 어떤 원리와 실천 내용이 리더들과의 만남에 도움이 된다고 생각하는가?
_ 어떻게 견습 코치를 개발했는가? 개발 과정에서 경험한 성공과 고충은 무엇인가?

가이드하기

_ 당신이 섬기는 그룹에서 견습 리더를 찾아내기 위해 어떤 절차를 밟아 왔는가? 그 가운데 어떤 어려움이 발생했는가?
_ 당신의 견습생이 가진 장점과 단점, 동기는 무엇인가?
_ 어떤 경험이나 기회, 일을 활용하여 견습생의 리더십과 상호작용 기술을 개발하는가?
_ 견습생의 영적 성장을 어떻게 도와주는가?
_ 견습생을 개발하기 위해 회의 밖의 시간을 어떻게 활용하는가?

꿈 심어 주기

예수님과 복음서에 나오는 사도의 관계를 살펴보라. 제자들이 모든 영역에서 개발되어 리더로 서도록 하기 위해 예수님이 하신 일은 무엇인가?
리더들과 함께 다음에 인용한 그리스도인 저자의 글을 깊이 생각해 보라.

> 인간은 자기는 절대로 그 아래 앉을 수 없다는 사실을 알면서도 햇빛을 가리는 나무를 심으면서 비로소 인생의 의미를 알기 시작한다.
> — 엘턴 트루블러드 Elton Trueblood

내가 누군가의 견습생이 된다고 할 때 꼭 필요한 한 가지 조건이 있다. 그 사람과 함께 있어야 한다는 사실이다. 이것은 보편적으로 학생과 선생의 관계에서도 마찬가지다. 그리고 예수께서 인간의 몸을 입고 이 세상에 계실 때 그분을 따른다는 것도 바로 그런 의미였다. 무엇보다 그분을 따른다는 것은 그분과 함께 있는 것을 의미한다.

—댈러스 윌라드 Dallas Willard, 『하나님의 모략 The Divine conspiracy』
(복있는사람, 2000)

위의 교훈에 따라 산다면 당신과 견습생의 관계가 어떻게 달라질 거라고 생각하는가?

무장시키기

다음 자료가 이 영역에서 리더의 성장을 돕는 데 참고가 될 것이다.

_ '견습 리더 개발' 『삶을 변화시키는 소그룹 인도법』
_ 칼 조지, '견습 리더를 모집하기' 『열린 소그룹 닫힌 소그룹 Nine Keys to Effective Small Group Leadership』(교회성장연구소, 2002)

리더십 모임

 오케스트라 지휘자로 단원들 앞에 설 때 어떤 기분일지 상상해 보라. 앞에 앉아 있는 사람은 모두 유능한 음악가로서 저마다 능력과 고유한 관심사를 가졌다. 그들이 연주하는 악기는 그것을 들고 있는 사람만큼이나 다양하다. 연주에 앞서 악기를 조율하느라 가지각색 소리가 들린다.
 그들의 재능과 능력, 지식을 하나로 모아서 조화시키는 것이 지휘자인 당신의 임무다. 음표에 따라 각각의 소리를 조화시켜 아름다운 음악을 만들어 내는 것이다.
 혼란을 다스리는 것은 오케스트라를 지휘하는 것과 같다. 리더 각자가 고유성을 갖는다. 모두가 다른 사람과 다른 달란트와 은사를 가졌다. 풍부한 리더십 경험을 가진 사람이 있는가 하면, 처음 리더로 서는 사람도 있다. 리더 각자가 음악을 연주하듯 자신만의 고유한 스타일로 그룹을 이끌어 갈 것이다. 그러나 이런 노력은 그것을 통합하는 사람이 없을 때는 지리멸렬하게 된다.
 리더십 모임에서 코치는 이 달란트와 능력, 은사, 힘을 하나로 통합한다. 리더들이 서로 협력하도록 격려하고, 당신이나 리더들 서로에게서 삶에 변화를 주는 소그룹을 이끄는 요령을 배우게 한다. 그리고 마치 지휘자가 음표를 따르듯, 당신은 리더 개발을 위한 자신의 계획에 따르게 된다. 이처럼 서로를 통해 배우고, 서로 후원하고, 팀을 이루어 사역을 감당해 간다.

학습하는 공동체를 세우라

리더십 모임의 목적은 학습하는 공동체를 세우는 데 있다. 학습과 공동체라는 두 가지 개념은 리더십 모임의 성공을 위해 중요하다.

   리더십 모임은 리더들에게 새로운 기술을 배울 수 있는 학습 기회를 제공한다. 당신은 코치로서 리더들이 리더십 모임에서 자유롭게 시도해 보고, 실천하고, 실패할 수 있는, 즉 효과적인 훈련에 꼭 필요한 구성 요소인 편안한 환경을 조성하기 위해 힘써야 한다. 리더들이 배울 점이 있는 리더십 모임은 그만큼 가치가 있으며, 시간이 흐르면서 모임 참석에 대한 관심도도 높아질 것이다.

   리더십 모임은 리더들과 함께 공동체를 조성할 수 있는 특별한 기회가 된다. 이것은 모든 리더를 한자리에 모을 수 있는 유일한 기회다. 리더들은 흔히 리더십 모임을 통해 공동체에 대한 열정과 함께 깊은 연대감을 갖는다. 리더십 모임 중 리더들 상호간에 경험을 공유하고 격려할 수 있는 시간을 마련함으로써 유대감을 강화시킨다. 당신이 공동체를 조성할 때, 리더들은 리더십 모임의 주인이 될 것이다. 또한 그렇게 할 때 참여의식도 높아질 것이다.

성경이 보는 리더십 모임

성경 곳곳에서 효과적인 사역 수행을 위해 리더 그룹이 함께 모이는 경우를 볼 수 있다. 몇 가지 예를 보기로 하겠다.

사도행전 6장   예루살렘 교회에 분쟁이 일어났다. 자세한 내용은 알 수 없지만, 최종적인 해결책을 발표하기에 앞서 열두 사도가 문제 해결을 위해 비밀리에 회합을 가졌던 것으로 짐작된다. 교회에는 그들이 함께 마련한 행동 계획을 따르도록 했다. 그 결과 일곱 사람의 집사를 새로 임명하고 그들에게 중요한 사역이 맡겼다. 새로운 멤버가 리더십 팀에 추가된 것이다.

사도행전 15장   문제를 해결하고 전략적인 결정을 내리기 위한 목적으로 리더들이 예루살렘 공회에 모였다. 리더들 사이에 심각한 의견 차이가 있었지만 리더십 모임을 통해 해결되고 공동체의 일치가 이루어졌다.

마가복음 3장   사역을 끝내신 예수님은 무리를 피하신다. 자주 그렇게 하셨듯이 예수님은 제자들만 따로 데리고 그들을 격려하고 훈련하신다.

누가복음 10장   예수님은 칠십 인의 제자를 각 동네와 각 지역으로 보내 하나님 나라를 전파하게 하셨다. 리더들이 떠나기 전 사명을 주고, 훈련시키고, 그들을 위해 기도하셨다. 사역을 마치고 돌아오자 예수님은 그들의 이야기에 귀 기울이고, 그들의 노력을 치하하고, 성공의 바른 척도에 관심을 집중하게 하고, 감사기도를 드리셨다.

리더십 모임 계획

당신이 계획하는 각각의 리더십 모임에서는 강조점을 달리해야 한다. 예를 들어 어느 모임에서는 공동체에 초점을 맞춰 리더들이 서로에 대해 더 잘 알고 신뢰하는 관계를 구축할 수 있다. 기도 시간을 오래 갖는 모임도 있고, 견습 리더 발견과 개발에 대한 리더 훈련에 중점을 두는 모임도 있다. 각 모임에서 무엇을 강조할 것인지는 당신이 섬기는 리더들의 필요에 따라 결정하면 된다. 단 전반적인 코칭의 목적이 그룹 리더를 목양하고, 무장시키고, 재생산하는 것임을 잊어선 안 된다. 다음은 모임을 준비하는 과정에서 생각해야 할 몇 가지 사항이다.

영적 양육
- 리더가 개인적인 필요나 고충을 털어놓고 이야기할 수 있는 공동체를 세우기 위해 어떤 준비 혹은 활동이 필요한가?
- 시간을 어떻게 활용하여 그들을 격려해야 하는가?
- 리더십 모임에서 예배와 기도 순서를 마련하려면 어떻게 해야 하는가?
- 리더들이 이끄는 그룹과 개인생활에서 칭찬할 만한 점은 무엇인가?

기술 개발

- 당신의 리더들에게 필요한 리더십 기술은 무엇인가? (관계 구축에 대한 새로운 아이디어, 창조적인 질문, 듣는 기술, 그룹 기도 방법 등)
- 그룹 방문이나 리더 모두에게 도움을 주는 일대일 대화를 통해 당신이 얻은 통찰력은 무엇인가?
- 리더들끼리 서로의 경험을 통해 배우게 할 방법은 무엇인가?
- 리더들이 부딪치는 문제는 무엇이며, 리더십 모임에서 어떻게 협력해 그 해결책을 찾을 것인가?

팀 구성

- 당신이 섬기는 리더들은 자신이 이끄는 그룹 멤버와 소그룹 사역의 비전을 공유하는가?
- 당신이 섬기는 리더들은 어떤 영역에서 도전을 받는가?
- 업데이트나 책임 점검이 필요한 사역 목표와 기대치는 무엇인가?
- 앞으로의 모임, 전 교회적 행사, 훈련 기회, 업데이트와 관련해 당신이 섬기는 리더들이 필요로 하는 정보는 무엇인가?

리더십 모임 계획은 퍼즐 맞추기와 같다. 한 차례 만남에서 모든 문제와 필요를 다 해결할 수는 없다. 그러므로 "이번 만남에서 리더들이 가장 필요로 하는 것은 무엇일까?"를 자문해 보고, 그다음 적절한 계획을 세우라. 이때 리더들의 필요를 묻는 것을 절대 잊지 마라. 이는 잘 알면서 자주 간과하는 사항이다.

가치에 대한 간단한 테스트

리더십 모임 계획이 끝나면 다음과 같은 간단한 테스트를 통해 그 만남에 대해 리더들이 갖는 가치를 평가해 보라. 만남을 리더의 시각으로 바라보고 예정된 모임과 관련해 다음과 같은 질문을 해 보라.

- 시간과 노력을 기울일 만한 가치가 있었는가?
- 모임을 통해 격려받았는가?
- 당신의 필요를 충족시켜 주었는가?
- 뭔가 새로운 배울 거리가 있었는가?
- 당신이 참여할 기회가 있었는가?

당신이 섬기는 리더들이 위의 질문에 "그렇다"라고 대답한다면, 훌륭한 모임 계획이라고 칭찬받을 만하다!

리더십 모임 진행

모임 중 당신이 섬기는 리더들을 양육하고, 개발하고, 세우는 데 필요한 몇 가지 지침을 제시하겠다.

리더십 모임에서 리더 양육하기

리더들이 개인적인 문제와 리더십에 관한 문제를 자연스럽게 나눌 수 있을 만큼 모임 분위기가 자유로워야 한다. 성공도, 어려움도 얼마든지 이야기할 수 있는 분위기를 만들라. 그러나 사안에 따라서는 리더십 모임보다 일대일 만남이 더 효과적일 수 있다는 점을 명심하라.

다음은 모임에서 발생하는 문제를 어떻게 하면 가장 잘 처리할 수 있을지 결정하는 데 필요한 지침이다. 어떤 경우에도 각각의 문제에 대한 처리 방법을 판단하는 데 성령의 인도하심을 먼저 구하라.

리더십 모임에서

- 누군가 모임에서 제기하는 필요를 절대 무시하거나 거절하지 마라.
- 모임 참여자들에게 리더 보살피기의 본보기를 보이라.
- 그룹 멤버를 격려해 서로 지지하고 문제를 해결하도록 도우라.
- 모임에 참여한 사람이 서로 질문하고 도전을 주도록 하라.
- 모임에 참여한 사람에게 모임 중 또는 모임 밖에서 서로를 위해 기도하도록 하라.

모임 외의 시간에

- 리더들이 개인적 문제를 제기할 경우, 모임 중에 의논하기를 바라지 않는다면 다른 시간을 이용하도록 권하라.
- 해결하는 데 장시간을 요하는 복잡한 문제가 있으면 다른 시간을 잡아 충분히 의논하라.
- 다른 사람이 관여할 수 없는 특별한 상황일 때는 다른 시간에 의논하라.
- 비밀이 누설될 우려가 있을 때는 그 문제를 다루지 마라. 최고의 리더일지라도 때로는 해서는 안 되는 이야기를 하고 싶은 충동과 싸울 때가 있다. 리더가 자신이 이끄는 그룹의 비밀스러운 내용(풍문)을 털어놓는다면 소그룹 멤버에게 신뢰할 수 없는 사람으로 낙

인찍히기 쉽다. 그런 행위는 리더십 모임에서 속 깊은 이야기를 나눌 기회를 가로막는 요인이 된다.
- 확실치 않은 이야기는 좀 더 분명해질 때까지 기다렸다가 하도록 유도하라.

리더 양육의 세 가지 측면

다음 각 영역과 관련하여 당신이 섬기는 리더들이 자신의 성장과 어려움을 어떻게 이야기하는지 잘 관찰하라. 그리고 기회가 허락할 때마다 격려하라.

1. 영적 측면
- 그들은 묵상 시간을 잘 활용하는가?
- 최근 하나님이 무슨 말씀을 하신다고 생각하는가?
- 죄 혹은 다른 문제와 씨름하고 있지는 않는가?
- 예수님과의 관계가 깊어지는 중인가?
- 그들은 모든 활동을 그리스도의 가르침을 받는 수단으로 생각하는가?

2. 관계적 측면
- 그들의 가족관계는 탄탄한가?
- 모임에 참석하는 다른 리더들과의 관계는 어떤가?
- 자신이 이끄는 소그룹 내에서의 관계는 어떤가?
- 당신과의 관계는 어떤가?

3. 개인적 측면

- 어떤 개인적인 문제가 그들의 시간과 에너지를 빼앗고 있지는 않은가?
- 최근 어려움에 직면하거나 성공을 거둔 일은 무엇인가?

리더십 모임에서의 기술 개발

모임 시간을 최대한 활용해 기술을 개발하기 위해서는 다음 세 가지 단계가 필요하다.

1. 기술을 찾으라

일대일 대화를 나누고 리더가 이끄는 그룹을 방문하는 것은 리더한테서 개발되고 향상되어야 할 기술을 찾아내는 데 도움이 된다. 다음은 기술 개발에 필요한 아이디어다.

- 딱딱한 분위기를 바꾸는 효과적인 질문
- 관계 구축을 위한 훈련
- 그룹 안에서 효과적인 성경 사용
- 듣는 기술
- 잘 정리해서 질문하기
- 그룹 기도 인도
- 말이 너무 많은 사람이나 말이 없는 사람 다루기
- 커리큘럼을 선택해 사용하기
- 그룹 역동성 관리

리더십 모임 계획 가이드

모임 날짜: 7월 20일   **시간:** 오후 7-9시   **장소:** 앤더슨의 집

기도
계획 중 통찰력을 주시고 인도해 주시도록 하나님께 기도하는 시간을 가지라.

나는 리더들이 계속 기쁜 마음으로 그들이 이끄는 그룹에 새로운 사람을 영입하도록 기도한다.
당신이 섬기는 각 리더를 위해 기도하라.

생각해 봐야 할 질문
리더들이 당신에게 요구하는 것은 무엇인가?
그룹 멤버가 소리 내어 기도할 수 있는 아이디어가 필요하다.

그들에게 질문하고 싶은 것은 무엇인가? 앤더슨이 이끄는 그룹은 새 커플과 어떻게 어울리는가?

이 모임을 계획한 당신의 목적은 무엇인가? 관계를 쌓고, 기도하고, 영적 성장을 격려하는 것이다.

성령께서 당신을 어디로 인도하시는가? 리더 간의 관계를 개발하도록 인도하신다.

구분		필요/과제	시간
양육하기	공동체	관계 쌓기 훈련을 통해 진실성을 높인다	45분
	격려		
	예배/기도	기도와 예배로 모임을 시작한다	15분
	칭찬	앤더슨이 스미스의 새로운 견습생으로 새 부부를 영입했다	10분
개발하기	기술 훈련	그룹 기도를 위한 창조적 아이디어를 소개한다	30분
	통찰력		
	아이디어 교환	가장 바람직한/가장 바람직하지 못한 기도에 대해 이야기한다	10분
	문제 해결		
세우기	비전		
	도전		
	책임		
	의사소통	새로운 커리큘럼에 대해, 앞으로 3일 동안	

리더십 모임 계획 가이드

모임 날짜: 시간: 장소:

기도
계획 중 통찰력을 주시고 인도해 주시도록 하나님께 기도하는 시간을 가지라.

당신이 섬기는 각 리더를 위해 기도하라.

생각해 봐야 할 질문
리더들이 당신에게 요구하는 것은 무엇인가?

그들에게 질문하고 싶은 것은 무엇인가?

이 모임을 계획한 당신의 목적은 무엇인가?

성령께서 당신을 어디로 인도하시는가?

구분		필요/과제	시간
양육하기	공동체		
	격려		
	예배/기도		
	칭찬		
개발하기	기술 훈련		
	통찰력		
	아이디어 교환		
	문제 해결		
세우기	비전		
	도전		
	책임		
	의사소통		

2. 기술을 보여 주라

- 모임을 통해 새로운 리더십 훈련이나 리더십 테크닉을 시험하라.
- 가장 효과적인 학습 방법은 실제로 해 보는 것이다. 기술을 설명하는 데 그치지 말고 리더가 실제 해 볼 수 있는 기회를 주라.
- 모임 중에 이런 기술을 실험해 본 후, 그 아이디어와 방법을 그들이 이끄는 그룹에 적용하도록 격려하라.

3. 다른 사람을 포함시키라

- 어떤 기술에 능한 리더가 있으면, 그를 초청해 다른 리더들을 훈련하게 하라. 예를 들어 그룹에서 창조적으로 기도하는 사람이 있다면 그를 초청해서 모임 기도를 인도하게 하라.
- 코치라도 리더들이 그룹에서 겪는 모든 일을 다 경험할 수는 없다. 또 리더들이 필요로 하는 모든 기술에 능할 수도 없다. 그러므로 리더들에게 경험과 아이디어를 나누도록 격려하면서 그들이 서로 소중히 여기고 문제가 발생했을 때 다른 리더의 도움을 구하도록 격려하라.

리더십 모임에서 리더십 팀 구성하기

비전

리더들은 코치가 공동체와 소그룹에 대한 비전을 새롭게 제시해 주고 명확히 해주기를 기대할 뿐 아니라 비전을 실행에 옮기는 일에도 앞장서기를 바랄 것이다. 그러나 그 비전을 이해하고 소유할 때는 여러 가지 다른 반응을 예상해야 한다.

1. 리더들이 먼저 비전을 이해해야 한다. 그들은 무엇을 해야 하는지 이해했는가? 명확한 비전을 가졌는가?
2. 리더들은 단순한 사실 이해를 넘어 그 비전이 중요하다는 확신을 가져야 한다. 그들은 비전에 대한 믿음을 가졌는가?
3. 리더들은 이 일에 대한 하나님의 부르심을 알고 참여해야 한다. 그들은 지금 삶에 변화를 일으키는 소그룹을 세우기 위해 최선을 다하고 있는가?
4. 리더들은 비전에 대한 자신의 이해와 열정을 보여 주어야 한다. 그들은 그룹 멤버에게 자신이 가진 것을 전수하는가? 그들의 견습생에게는 어떤가?

각 리더가 발달 과정 중 어디에 있는지 알면 당신은 언제 다음 단계로 넘어가야 할지 알 수 있다. 그리고 리더십 모임을 어떻게 활용하여 비전을 새롭게 제시하고 명확히 해서 리더들을 다음 단계로 진행시킬지 구분해야 한다.

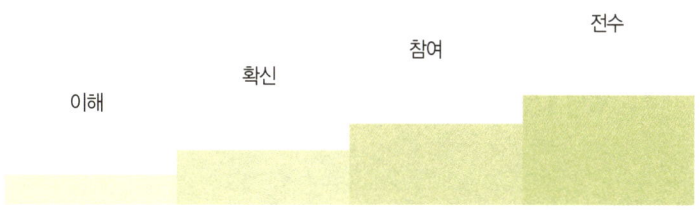

견습 리더 개발

소그룹을 통해 더 많은 사람을 그리스도와의 관계에서 성장시키기 위해 미래의 그룹과 리더십 모임에 참여할 견습 코치와 견습 리더를 개발해야 한다.

견습 코치

당신이 섬기는 리더들에게 본을 보임으로써 견습생 개발의 비전과 가치를 보여 주라. 당신의 견습 코치를 다음의 사역 부문에 동참시키라.

- 필요 평가
- 모임 계획
- 모임 진행
- 모임 평가
- 일대일 만남 수행
- 그룹 방문

리더십 모임 중 사전에 약속한 부분만큼은 견습생이 이끌도록 한다. 그리고 모임이 끝나면 격려하고 제안한다.

견습 리더

일반적으로 리더십 모임에 그룹 견습 리더를 참여시키는 것이 좋다. 그러나 다음은 견습생의 참여가 적절치 않은 경우다.

- 모임 규모가 너무 비대해져 효율성이 떨어질 염려가 있을 때
- 모임에 리더십 책임을 감당할 견습 코치가 없을 때
- 대화 주제가 견습 리더에게 부적절할 때

견습 리더가 모임에 참여할 때, 당신이 아닌 리더들이 견습생 훈련에 대해 우선적인 책임을 진다는 사실을 명심하라. 당신이 도와줄 수는 있지만, 개발에 대한 전적인 책임은 리더들이 맡는다.

리더들에게 견습생 개발에 필요한 자원을 제공해 주라. 여기에는 책, 비디오나 오디오 테이프, 인적 자원 또는 문제 해결을 위한 도움이 포함된다.

리더십 모임 평가

모임이 끝나면 가능한 한 빠른 시간 내에 다음 질문에 답하라. 이것은 회의의 효율성을 평가하고, 다음 모임을 계획하는 데 도움이 된다. 견습 코치가 있다면 함께 모임을 평가하도록 하라. 리더들을 초청해서 의견을 공유하는 것도 좋다.

- 잘된 것과 잘못된 것은 무엇인가?
- 각각의 훈련이나 활동을 위한 시간이 충분했는가?
- 모임의 개선점은 무엇인가?
- 모임이 리더들과의 공동체 형성에 얼마나 도움이 되었다고 생각하는가?

- 리더들이 격려받았다고 느꼈는가?
- 리더들에게 유익한 모임이었는가?
- 모임의 어떤 부분을 보완해야 하는가?

개발보조자료

코칭 모임

코칭 모임은 소그룹 리더들의 성장과 효율성을 위해 꼭 필요하다고 생각되는 여덟 가지의 주요 실천 원리를 중심으로 하는 리더십 모임이다. 기억을 새롭게 하기 위해 여덟 가지 실천 원리를 다시 한 번 정리해 보겠다.

- 개인 성장의 본보이기
- 리더 목양하기
- 진정한 관계 구축하기
- 건강한 방법으로 갈등 해소하기
- 보살핌과 사랑 베풀기
- 열린 공동체 되기
- 구도자에게 다가가기
- 미래의 리더 개발하기

참고로 당신이 여는 각 모임의 공통적인 구성 요소에 대한 설명을 덧붙였다. 말할 것도 없이 모든 모임이 각기 다른 모습을 띠게 될 것이다. 모임이 절대 딱딱하고 지루한 분위기로 가선 안 되겠지만, 모임을 조직하고 개발하는 데 꼭 필요한 틀을 제공하려고 노력했다. 그러나 가끔씩 그 순서가 바뀌기도 하는데 모임이 뻔하거나, 틀에 박혀서는 안 되기 때문이다. 순서를 바꾸거나 모임의 각 순서에 대한 소요 시간을 변경하는 것만으로도 창의적인 모임을 이끌 수 있다.

각각의 리더십 모임은 코치가 코칭의 네 가지 주요 실천 원리, 즉 본보이기, 가이드하기, 꿈 심어 주기, 무장시키기를 활용하는 데 도움이 되도록 짜여졌다.

본보이기　직접 공동체를 세우고 점검하는 기능이다. 리더들이 분위기를 조성하고 관계를 발전시키도록 돕는 데 목적이 있다. 리더들이 당신의 삶을 지켜보고, 본받는다는 사실을 명심하라. 그렇지 않으면 영향을 끼치기 어렵다.

가이드하기　리더들이 성경말씀을 나누고, 자신의 의견을 이야기하고, 개인과 사역 성장의 다음 단계로 진행하는 데 도움이 되는 질문을 하도록 함으로써 그들의 영적 성장을 돕는다.

꿈 심어 주기　기도와 강연, 예배를 통해 하나님이 모든 사역 성장의 근원이 되신다는 사실을 인식하게 한다. 이는 미래에 초점을 두며, 하나님이 그분의 은혜로 말미암아 우리를 통해 일하신다는 사실을 서로 확인하는 데 목적이 있다.

무장시키기　문제를 해결하고, 창조적인 아이디어를 개발하고, 경험을 나누고, 사역의 방향 설정을 위해 함께 아이디어를 짜내는 데 주안점을 둔다. 기술을 전수하거나 리더들이 좀 더 효과적으로 일하는 데 도움이 되는 자원과 연결시키는 일도 한다.

리더십 모임 1 개인 성장의 본보이기

초점: 당신이 섬기는 소그룹 리더들에게 예수 그리스도의 방법과 가르침을 실천하는 그리스도인의 삶을 보여 준다.

주요 성경말씀: 딤전 4:11-16

목적: 바울이 디모데에게 "네가 네 자신을 살피라"고 권고하듯 리더들이 자신을 살피도록 영적으로 이끌어야 한다.

필요한 자료: 종이와 성경책

세부 계획: 다과를 준비하고, 가능하면 조용히 생각할 수 있는 장소를 선택한다.

가이드하기

기도로 모임을 시작하고, 리더들이 이 시간을 기대하고 감사하는 마음을 갖도록 가이드하라. 마음을 차분히 가라앉히고 리더십 공동체에 집중하게 해달라고 하나님께 기도하라.

1. 지난 만남 이후에 어떻게 지냈는지 10분 정도 이야기를 나누라. 리더들에게 간단하게 근황을 소개하도록 하되 1~5를 기준점으로 5는 강하고 활기찬 상태를, 1은 맥 빠지고 지쳐 있는 상태를 나타내게 하라.

2. 시작하는 질문을 던지라: 다른 사람에게 영적인 삶의 본을 보인다는 것이 무엇을 의미하는가? 그것이 지나친 압박감을 주는가, 두렵게 하는가? 각 리더의 실제 삶에 비춰 볼 때 불가능한 일이라고 생각하는가? 리더들은 우리가 그리스도의 능력을 나타내는 도구이자 질그릇에 불과하다는 사실을 이해하는가? 그들이 성공과 실패의 본보기가 된다는 사실을 잊지 않도록 하라. 우리는 자신의 실패를 감추어선 안 되는데, 그리스도께서

그 실패를 덮어 주시고 그것을 통해 우리를 성장시킨다는 사실을 알기 때문이다.

3. 디모데전서 4장 11-16절을 읽고 말씀의 의미를 나누라. 바울이 디모데가 리더로서 기회와 의무, 둘 다 지켜야 한다고 강조하고 있음에 주목하라.

본보이기

4. 12절 말씀을 살펴보고 그것을 영적 자원으로 활용하라. 참가자들에게 말, 행실, 사랑, 믿음, 정절의 각 영역에서 자신의 삶을 점검해 보도록 하라. 앞으로 30일 동안 한 가지 영역에서 발전할 수 있다면, 그것은 어떤 영역인가? 이들 영역은 어떻게 통합되는가?

말: 어떤 식으로 말하는가?
행실: 시련과 의사결정에 어떻게 대처하는가?
사랑: 관계에 어떻게 참여하는가?
믿음: 그리스도를 신뢰함으로써 능력을 얻었으며, 그분과 연결되었다고 말할 수 있는가?
정절: 죄에 어떻게 대처하며, 인격 성장을 이루는가?

5. 순종의 자세로 그리스도와 같은 삶을 추구하도록 서로 격려하는 시간을 가지라. 우리는 완전할 수 없으며, 날마다 하나님 앞에 서서 그분을 향한 헌신의 약속을 재확인하고 죄를 고백하는 동시에 하루를 사는 데 필요한 힘과 능력을 주시도록 기도할 필요가 있음을 리더들에게 주지시키라. 성령께서 역사하신다는 사실을 기억하라. 그리스도를 따르기 위해 무슨 일을 하고 있으며, 힘을 얻기 위해 어떻게 그분에게 다가가는지 리더들에게 보여 주라. 그리고 당신 또한 그분이 주시는 치유의 은혜를 필요로 한다

는 사실을 알려 주라.

꿈 심어 주기

6. 리더들이 인격 성장과 정절을 의도적으로 추구할 때, 소그룹 멤버에게 어떤 파급 효과를 가져다줄지 말해 주라. 디모데의 일이 개인적인 유익(죄와 불순종의 삶에서 구원을 얻음)을 줄 뿐 아니라 다른 사람의 삶에도 유익(그들을 영적 파멸로 이끌고 에베소 교회를 핍박하는 삶에서 구원함)을 준다는 사실을 분명하게 가르치는 디모데전서 4장 16절 말씀을 다시 한 번 살펴보라.

조 스토웰은 몇 년 전 소그룹 리더들을 향한 메시지에서 "삶을 변화시키기 위해서는 변화하는 삶을 살아야 한다"고 말했다. 이 말을 리더들에게 들려주고 변화하는 삶을 살도록 격려한다.

무장시키기

7. 주기적으로 자신들이 선택해 동료의 점검을 받는 영적 훈련을 권장하라. 정기적인 묵상을 통해 자기를 성찰하고, 성령께 자신의 강한 부분과 함께 약한 부분을 보게 해달라고 구하도록 하라. 동료를 통해 점검하려면 리더들이 자신의 삶을 이야기할 수 있는 신뢰할 만한 사람과 '영적 친구 관계'를 갖도록 하라. 이때 그들의 성격, 태도, 행동 패턴, 영적 은사, 리더로서의 발전 상태를 지적해 줄 수 있는 사람이어야 한다. 멘토가 이 역할을 맡으면 더할 나위 없이 좋을 것이다.

또한 그리스도를 경외하는 리더의 인격과 행실에 초점을 맞춘 J. 오스왈드 샌더스의 『영적 지도력 Spiritual Leadership』(요단출판사, 1999) 같은 책을 권해 보라.

여기서 요한복음 15장 1-17절을 읽고 묵상하면 좋다.

리더십 모임 2 **리더 목양하기**

초점: 평안 가운데 다른 사람의 삶을 위한 영적 가이드의 역할을 감당하도록 리더들을 돕는다.
주요 성경구절: 마 22:34-40
목표: 다른 사람에게 그리스도와의 더 깊은 관계로 이끄는 단순한 방법을 제시한다.
필요한 자료: 종이와 성경
세부 계획: 리더들이 테이블 주위에 앉거나 빙 둘러앉아 그룹 토의를 하기에 적당한 장소에서 리더십 모임을 갖는다.

본보이기
잠시 다과를 나누면서 한 주간의 삶을 나눈다. 이때 편안하고 격의 없는 말투로 밝고 형식에 얽매이지 않는 분위기를 조성한다.

1. 당신이 맡은 그룹 리더 한 사람 한 사람의 이름을 부르며 기도하라. 리더들을 위해, 또는 리더들과 함께 그들이 가진 필요와 능력을 생각하며 하나님께 간구하라. 이를 통해 그룹 모임에서 기도하는 방법을 보여 줄 수도 있다. 다른 사람 앞에서 누군가를 위해 드리는 기도는 힘을 가진다. 그리고 그것은 당신이 그들의 삶을 얼마나 잘 알고 있는지, 그들의 필요에 얼마나 많은 관심을 가졌는지, 그들의 성장과 성공을 위한 얼마나 큰 열정을 가졌는지 보여 주는 계기가 된다.

가이드하기
2. 먼저 리더들을 모아 둘러앉게 한 다음, 마태복음 28장 19-20절을 읽는

다. 우리는 예수님이 명령하신 모든 것을 순종해야 하는 만큼, 제자들에게 주신 가능한 많은 계명을 목록으로 정리하라(실제로 수백 가지가 될 수 있지만, 그분의 모든 계명을 두 가지로 요약하셨다는 사실을 보여 준다).
3. 리더들에게 마태복음 22장 34-40절을 읽도록 하라. 예수님이 가르치신 전 계명의 초점은 무엇인가?
4. 그룹 토의: 리더들이 다음 질문을 놓고 각자의 생각을 나누게 하라. 다른 사람과 그리스도의 관계를 향상시키는, 영적 가이드라고 할 수 있는 역할에 대해 어떻게 느끼는가? 부적합하다고 생각하는가? 마음이 설레는가, 초조한가, 아니면 감사하다고 느끼는가?

꿈 심어 주기

5. 사람을 가이드하는 일은 하나님을 사랑하고 이웃을 사랑하는 것으로 요약된다는 점에서 그리 복잡하지 않다. 리더들이 이 사실을 기억하도록 하라. 이는 곧 하나님, 그리고 다른 사람과의 관계라는 관계의 문제다. 소그룹의 본질적인 중요성은 바로 여기에 있다. 관계에 초점을 두고, 리더들이 이끄는 그룹의 멤버에게 하나님과의 관계, 다른 사람과의 관계, 더 나아가 그룹 밖의 사람(구원받지 못한 친구나 가족, 교회 성도 등)과의 관계에서 성장하도록 하는 것이다.

무장시키기

6. 리더들이 각자의 그룹에서 '하나님의 사랑, 이웃 사랑'에 대해 토론해 보도록 하라. 다음은 그 지도 요령이다.

소그룹에 대한 질문: 하나님을 사랑하고 이웃을 사랑한다는 것은 어떤 의미인가? 토론을 위해서는 짧아도 연습하는 시간을 가지라. 멤버들에게

출애굽기 20장 1-17절(십계명)을 읽고 열 가지 계명을 다음 두 가지로 분류하도록 하라. 그다음 서로 사랑하기 위해 어떻게 하는 것이 좋을지 그룹을 이루어 함께 토론하도록 하라. 첫째는 하나님의 사랑, 둘째는 이웃 사랑에 대한 실제적 표현 방법을 설명해 주라.

리더십 모임 3 진정한 관계 구축하기

초점: 리더들에게 토론에 대한 자신감을 심어 준다.
주요 성경말씀: 잠 17:27-28, 18:13
목적: 자신이 이끄는 그룹에서 활발하게 토론을 벌일 수 있는 환경을 조성하도록 리더들을 무장시킨다.
필요한 자료: DVD나 비디오 플레이어, 성경
세부 계획: 약간의 간식과 DVD/비디오 시청을 할 수 있는 공간

※코치 참고사항: 그룹 토의나 토론 장면을 보여 주는 4~6분짜리 영화나 텔레비전 클립(clip, 짧은 뉴스)을 준비한다. 인기 있는 텔레비전 쇼나 영화이면 더 좋다. 토론은 모범적인 것뿐만 아니라 이야기 중에 서로 끼어들고 귀 기울이지 않는 것 등도 다 포함된다. 어느 쪽이든 상관없지만, 상호작용은 많을수록 좋다. 사용하는 언어나 영화 줄거리, 등급 등에도 주의를 기울일 필요가 있다. 불필요한 갈등을 일으키거나 회의 요점에서 벗어나는 주제는 피하는 것이 좋다.

서로 접촉하고 인사하는 시간이 필요하다. 특별하게 어려움이 없는 한 이 시간을 꼭 끼워 넣도록 한다.

꿈 심어 주기

1. 비전을 제시하는 것으로 모임을 시작하는 것이 좋다. "그룹 토의가 활발하게 진행되어 리더인 당신이 20분 정도 밖에 나갔다가 돌아와도 여전히 토론이 진행되고 있다면 얼마나 좋을까?" "그런 토론을 가능하게 하는 요인은 무엇일까?" 하고 질문해 보라.

잠시 종이에 그 반응을 정리하라.

가이드하기

2. 멤버들에게 텔레비전이나 영화 클립을 보여 주고 클립에서 그들이 목록에 기록한 내용(훌륭한 토론의 속성)과 일치하는 점이 있는지 물어보라. 클립에서 드러나는 커뮤니케이션의 패턴은 무엇이라고 생각하는가? 만약 그것이 모임이라고 한다면 그들은 이 토론을 어떤 식으로 이끌 것인가? 경청은 왜 필요한가?
3. 잠언 17장 27-28절과 18장 13절을 읽으라. 이 구절이 가르치는 소통의 열쇠는 무엇인가?
4. 상대가 당신의 말에 귀 기울여 줄 때 어떤 느낌이 드는가?

본보이기

5. 코치는 이 토론을 이끌면서 훌륭한 경청 기술을 보여 주어야 한다. 분별력 있는 질문을 하고, 진심 어린 관심을 보이라. "그거 좀 더 이야기해 주세요." "그것을 그렇게 확신하는 이유가 있나요?"라는 식으로 말하되, 신체 언어와 함께 말투에도 주의를 기울여야 한다. 말하면서 드러나는 에너지를 보라. 가장 말을 많이 하는 사람이 누군지 보라. 다른 사람을 어떻게 대화에 끌어들일지 생각해 보라. "세라, 지금까지 들은 내용과 관련해 더 이야기하고 싶은 것이 있나요?"라는 식으로 말이다.

재미를 더하고 싶으면 어설프게 경청하는 모습을 보여 준다. 중간에 말을 끊고, 고개를 자주 끄덕이면서 "응, 응"이라고 하지만 필요한 질문은 뒤따르지 않는다. 주제를 쉽게 바꾸고, 자신의 느낌과 경험을 말하는 데 더 많은 시간을 보낸다. 잠시 후 리더십 모임을 중단한 다음에 방금 전 당신의 행동을 보고 어떤 느낌을 받았는지 물어본다. 그리고 자기 생각에 집중한 나머지 멤버의 느낌; 관심, 그들의 말에 주의를 기울이지 못한 적이 있었는지 물어보라.

무장시키기

『삶을 변화시키는 소그룹』의 듣는 기술에 대한 섹션을 가이드로 권하라. 능동적인 듣기와 수동적인 듣기에 대한 각각의 결과가 비교되어 있다.

잠깐 시간을 내서 모범적인 듣기와 그다음 어떻게 질문할 것인지 연습해 보라. 누군가를 참관인으로 세우고, 연습이 끝나고 나서 리더들에게 피드백을 하도록 하라. 재미있는 시간이 될 것이다.

토론이 진행되는 동안 리더들에게 그룹 안에서 이루어지는 일에 주의를 기울이도록 하라. 말하는 사람은 누군가? 무시당하는 사람은 누군가? 두려워하는 사람은 누군가? 격려가 필요한 사람은 누군가? 어떤 내용을 질문하는가? "네" "아니오"로 대답하도록 만드는 닫힌 질문, 또는 사실을 묻는 질문은 토론 거리가 되지 못한다. 감정이나 의견, 아이디어를 묻는 열린 질문이 자신의 생각을 말하고 표현하게 하고 마음을 열게 한다.

리더십 모임 4 건강한 방법으로 갈등 해소하기

초점: 갈등을 조정하고 사랑으로 진실을 말하도록 한다.
주요 성경말씀: 마 18:15-18; 엡 4:25-32
목표: 갈등이 일어났을 때 리더들이 개입해서 은혜와 진리로 갈등에 대처하도록 무장시킨다.
필요한 자료: 성경, 3×5 카드나 종이
세부 계획: 앞서서 리더 한 사람에게 개인생활, 또는 그룹 생활에서의 갈등 상황에 대한 '사례연구' 보고서를 준비하도록 한다. 이때는 비밀을 보장하기 위해 이름은 밝히지 않도록 한다. 그룹에서 발표하기 전 연구 결과에 대해 리더들과 이야기를 나눈다. 가능하면 문서로 작성해서 한 페이지 분량으로 만들게 하고, 그룹에 나눠 주도록 복사를 시킨다. 그 내용이 적절하지 않다고 판단되면 직접 만들라.

사례연구보고서에는 간단한 상황 설명이나 갈등 배경, 지금까지의 과정이 포함되어야 한다. 개입된 사람의 태도와 반응을 빠뜨리지 않도록 기술하라. 아직 결론을 내리지 말고 긴장 상태와 문제점만 기술하도록 하라. 모임을 통해 해결책을 모색하고, 사건의 진상을 파악하면 된다.

본보이기

1. 살아오면서 당신이 경험한 깨어진 관계에 대한 이야기부터 시작하라(리더십 모임에 사례연구보고서를 제시할 경우는 필요 없음). 그것은 작업 현장, 성장기의 친구 관계, 또는 가족에 대한 갈등일 수 있다. 그것을 어떻게 해결했고, 어디서 적절한 해결 기회를 놓쳤는지, 잘한 점은 무엇인지를 설명해 준다. 이런 이야기는 다른 사람을 격려하고, 자신의 실패와 겸손을 보여 주고, 당신을 지켜보는 다른 리더들에게 이야기의 본보기를 보여 주는

좋은 방법이다.

또한 적절한 자기 공개와 비밀 관리(당사자를 당황하게 하거나 신뢰를 떨어뜨리지 않고 갈등 설명하기)의 본보기가 되기도 한다.

2. 리더 각자가 그룹 생활에서 수시로 발생하는 갈등, 새로운 사람이 그룹에 들어와 일으키는 갈등 등 힘든 그룹 생활에 대처할 수 있는 용기를 얻도록 기도하라.

무장시키기

3. 리더들 각자에게 3×5 카드를 나눠 주고 그룹에서 발생하는 관계의 긴장 해결을 위한 열쇠라고 생각하는 것을 정리해 보도록 한다. 꼭 해야 할 일과 해서는 안 되는 일은 무엇인가? 카드를 거둬들여 그들의 의견에 우선순위를 부여할 수 있는지 살펴보라.

4. 에베소서 4장 25-32절과 마태복음 18장 15-18절에 나오는 절차에 따라 정리된 내용을 점검하라.

5. 사례연구보고서를 리더들에게 나눠 주고, 두세 사람씩 그룹을 지어 상황을 토의하면서 어떻게 대처하는 것이 좋을지 생각해 보도록 한다. 사례에 대해 이야기를 나눈 다음 실제 결과를 읽어 보라. 갈등이 해소되었는가, 아직도 진행 중인가? 갈등으로 인한 불가피한 희생은 무엇인가? 현재 당사자들은 어떻게 느끼는가? 완전한 화해가 이루어졌는가? 아니라면 그 이유는 무엇인가? 화해가 이루어졌다면 해결책은 무엇인가?

꿈 심어 주기

6. 갈등은 은혜와 진리로 해소될 수 있다는 사실을 리더들이 깨닫도록 하라. 서로 간에 사랑으로 말하되 진리를 손상시키지 마라. 그리스도 안에서 하나가 된 것 요 17:20-23과 그룹의 건강을 해치는, 관계를 파괴하는 것

에 용감히 맞서야 한다. 당신이 섬기는 리더들이 소망을 가지도록 꿈을 심어 주라. 성경이 가르치는 바른 절차에 따르고 바른 태도를 지닐 때, 시간이 흐르면서 많은 갈등이 해소된다고 격려하라. 그러나 모든 경우가 다 그런 것은 아니다. 그것이 마태복음 18장 15-18절의 전 과정대로 되든지 안 되든지, 그 결과에 잘 대처하도록 준비해야 한다.

멤버가 갈등을 두려워하지 않도록 격려하라. 마땅히 다루어야 할 일을 회피하지 않도록 하라. 갈등을 회피하려고만 한다면 결국에는 그룹이나 관계를 파괴시키고 만다.

가이드하기

7. 리더십 모임 참가자들을 기도회로 인도하라. 그들이 이끄는 그룹이나 삶 속에서 건강한 갈등 해소가 필요하거나, 자신이 도와야 하는 사람의 이름을 쓰게 하라. 그리고 자신이 이끄는 그룹의 멤버에게 갈등 해소 방법을 보여 주도록 한다. 만약 이때 그들이 성경적 절차를 존중하지 않으면 그룹도 그것을 무시하게 될 것이다.

리더들이 그룹 멤버(개인, 소그룹)와 이야기를 나누고, 그들에게 그룹에서 긴장이 일어날 때 얼마나 잘 대처하는지 평가하도록 하라. 관계가 주는 도전의 해결 방법을 향상시키기 위해 그룹이 취할 수 있는 절차는 무엇인가? 용서를 베풀어야 할 사람은 누구인가?

리더십 모임 5 보살핌과 사랑 베풀기

초점: 리더가 종의 자세를 갖추는 데 필요한 창조적인 방법을 발견하라.
주요 성경구절: 마 9:35-38
목표: 섬김의 기회를 발견하고, 자신이 얼마나 큰 사랑을 가졌는지 평가한다.
필요한 자료: 시사 잡지
세부 계획: 당신이 사는 지역 중 도움이 많이 필요한 곳에서 리더십 모임을 갖는 건 어떤지 고려해 보라.

가이드하기

1. 보살핌과 사랑을 필요로 하는 사람을 위한 기도회로 시작하라. 멤버에게 사회적·신체적·재정적 도움을 필요로 하는 친구나 상황에 대해 이야기하도록 하라.
2. 마태복음 9장 35-38절을 읽고 "예수께서 기대하시는 목자의 초점은 무엇인가?"를 질문하라.

꿈 심어 주기

3. 멤버들에게 빈민, 굶주린 사람, 난민, 고아, 전쟁 희생자 등 도움이 필요한 사람과 관련된 사진을 잡지에서 오리도록 한다. 그 사진을 보고 난 후 어떤 이미지가 떠오르는가?
4. 사진을 보면서 어떤 느낌을 받았는가? 마음에 어떤 이미지가 떠오르는가? 예루살렘을 바라보시는 예수님의 마음을 품을 수 있는가?
5. 교회와 소그룹이 세상으로 나가 필요를 가진 사람을 만나면 어떨까? 우리 이웃에서, 교회 인근에서 당장 해결해야 할 필요에 어떤 것이 있는가?

이 필요를 해결한다면 어떻게 달라질 거라고 생각하는가?

무장시키기

6. 리더에게 시간적 여유를 주고 그룹 멤버의 은사와 열정, 그들이 사는 지역의 필요를 평가해 보도록 한다.

    1. 자신이 섬기는 그룹 멤버
    2. 지역사회의 필요
    3. 우리의 기회

리더들에게 이 문제를 놓고 몇 분간 생각하게 한 다음, 한자리에 모여 자기 그룹이 참여할 수 있는 활동이 무엇인지 찾아내게 한다. 공통적 필요는 무엇인가? 이들의 필요를 충족시키기 위해 그룹이 협력할 수 있는 방법은 무엇인가? 리더십 모임에 참여하는 모든 리더가 동일한 목적으로 그룹을 동원하고, 지역사회의 필요 충족을 위해 함께 일할 수 있는 방법은 무엇인가? 이것이 그리스도께 얼마나 중요한 일인지 이해하기 위해 마태복음 26장 31-46절을 읽으라.

본보이기

7. 리더들이 앞장서서 가난한 사람, 잃어버린 사람, 소외된 사람, 우리 교회와 이웃에 도움이 필요한 사람을 불쌍히 여기는 마음을 보여 주어야 할 때다. 당신이 이들을 위해 어떻게 기도하고, 가족과 함께 다가가고, 다른 사람을 위해 시간과 자원을 사용하는지 설명해 주라. 이때 자기 자랑으로 들리지 않도록 조심하고, 리더십 모임 내의 다른 리더들에게 당신이 믿는 큰 뜻과 당신의 삶을 본받도록 하라.

리더십 모임 6 열린 공동체 되기

초점: 리더들이 자신이 이끄는 그룹을 다른 사람에게 열어 놓음으로써 포용을 실천하게 한다.

주요 성경구절: 시편 67편

목표: 좀 더 열린 그룹이 될 수 있는 방법을 모색한다.

필요한 자료: DVD와 비디오

세부 계획: 영화를 시청할 수 있는 공간

꿈 심어 주기

1. 간단한 절차와 다과를 끝내고 나서 포용에 대한 필요를 강조하거나 인종의 화합, 압제의 극복 또는 계급투쟁을 강조하는 영화를 시청한다. 추천할 만한 영화로 〈간디 Ghandi〉 〈리멤버 타이탄 Remember the Titans〉 〈마이클 콜린스 Michael Collins(아일랜드 이야기)〉 등이 있고, 당신이 아는 다른 영화를 상영해도 좋다. 시간관계상 영화 전체를 시청할 수 없을 때는 강한 내용을 담은 긴 클립을 사용하라. 20~30분 정도의 장면이면 적당하다.

2. 영화에 대해 질문을 던지고 필요한 지식을 얻는다. 사람에게 불공정한 처사에 대항하도록 하고, 공평한 참여를 갈망하게 하는 요인은 무엇인가? '국외자'의 입장에서 내부를 들여다보는 기분이 어떨 것이라고 생각하는가?

가이드하기

3. 다른 인종, 종파, 피부색, 경험을 존중하는 마음을 품도록 기도하는 시간을 가지자. 당신이 섬기는 소그룹 리더들이 마음을 활짝 열고, 열린 그룹

을 이끌어 모범을 보이도록 하나님께 기도드리라.
4. 시편 67편을 읽으라. 이스라엘은 하나님의 선민이었지만, 그분의 마음은 열방을 향해 열려 있었다. 우리는 어떻게 해야 그런 마음을 가질 수 있는가? 국법의 보호를 받지 못하는 사람의 어려움을 이해할 수 있는 읽을거리(마이클 오 에머슨 Michael O. Emerson과 크리스천 스미스 Christian Smith의 『신앙과 분리 Divided by Faith』 같은)에는 어떤 것이 있는가?

무장시키기

5. 리더십 모임에서의 '열린 분위기'가 소그룹에 어떤 식으로 영향을 미치는지 생각해 보라. 그룹을 열어 놓기 위해서는 무엇이 필요한가? 어떻게 해야 이런 열림의 본보기를 보여 주는 인간관계를 형성할 수 있을까?
6. 당신의 리더십 모임에 다른 신앙, 인종, 생활 환경 또는 관점을 가진 사람을 초청해 인터뷰하라. 그들에게 가장 중요한 것은 무엇인가? 교회가 그들을 도울 수 있는 방법은 무엇인가? 우리는 그들이 가진 어떤 것을 알아야 하는가? 그들과 같은, 비슷한 부류의 사람이 가진 어떤 것을 알아야 한다고 생각하는가?
7. 교회가 이미 하고 있는 일 중 사람의 열린 마음을 증진시키기 위해 소그룹이 할 수 있는 일은 무엇인가?

본보이기

8. 당신의 관계 증진을 위해 기도하라. 일터나 지역에서 더 깊은 관계를 맺을 수 있는 사람의 이름을 적어 보라. 직장을 가진 사람이거나, 편부모거나, 다른 문화적 경험을 가진 사람으로 휴가 중인 선교사일 수도 있다.

리더십 모임 7 구도자에게 다가가기

초점: 리더들이 잃어버린 영혼을 마음에 품고, 그들이 이끄는 그룹도 같은 마음을 가지도록 격려한다.

주요 성경구절: 겔 34:16; 눅 15장

목표: 하나님으로부터 멀리 떨어져 있는 사람을 위해, 그들에게 다가갈 수 있는 기회를 달라고 기도한다.

필요한 자료: 종이와 성경

세부 계획: 리더십 모임 중 간식 시간이나 식사 시간에 비그리스도인 친구를 초청해 보라. 이 시간에 그들이 하나님에 대해 얼마나 알고 있는지, 그리스도인에 대해 어떤 시각을 가졌는지 물어보라. 그 친구가 돌아가고 난 후 그들이 한 말에 대해 토의해 보라.

본보이기

1. 비그리스도인과의 관계에 대해, 그것이 당신의 삶에서 차지하는 우선순위에 대해 설명하라. 이것이 당신의 약점이라면 바로 인정하고, 더 힘쓰겠다고 약속하라. 다른 리더들에게 당신이 책임감을 갖고 약속을 지키도록 돕고 기도해 줄 것을 부탁하라. 하나님을 알지 못하는 사람 중 당신이 사랑하고 보살피는 사람의 이름을 적어 보라. 다른 리더들도 그렇게 하도록 하라. 그 사람을 위해 이름을 불러 가며 기도하라.

가이드하기

2. 누가복음 15장을 읽고 당신이 섬기는 리더들에게 세 가지 비유에서 발견한 것을 설명하도록 하라. 탕자와 길 잃은 사람을 향한 아버지의 마음에 대해 예수님이 보여 주시려고 한 것은 무엇인가?

3. 하나님으로부터 멀어진 사람을 향한 리더들의 태도는 어떠해야 하는가?
4. 구도자를 저녁식사에 초대했을 때 그들의 반응이 어땠는가? 당신은 그들을 향해 어떤 느낌을 가졌는가?

꿈 심어 주기

5. 대부분의 신자가 그리스도인이 된 지 2년도 안 되어 비신자와의 중요한 관계가 끊어지고, 비신자 중에 친한 친구가 없다는 점을 리더들에게 주지시킨다. 이에 대한 해결책은 무엇인가?
6. 리더십 모임에 참석하는 모든 소그룹이 이듬해 두 사람을 친구로 삼고, 그들과 관계를 쌓고, 그들을 밖으로 데리고 나가 친교를 나누고 교회로 데려온다면 우리 그룹에 어떤 변화가 일어날까? 어느 정도의 영향력을 갖게 될까? 소그룹 멤버 모두가 그렇게 한다면 어떻게 될까? 그러면 당신은 40~50명의 삶에 영향을 줄 수 있다!

무장시키기

7. 관계를 형성하는 방법을 배울 뿐 아니라 잃어버린 영혼에게 의도적이지만 억압적이지 않은 방법으로 그들의 신앙을 나누도록 『전염성 있는 그리스도인 되기 Becoming a Contagious Christian』 등의 전도 훈련 과정을 거치도록 멤버를 격려하라. 잠시 영적인 대화를 시작하는 방법에 대해 아이디어를 나누어 보라. 리더십 모임이나 리더들만의 그룹에 간혹 잃어버린 영혼에게 복음을 전하는 사람을 초청해 그의 이야기와 비전을 듣는 방법을 생각해 보라. 소그룹을 이루어 소책자를 함께 읽고, 구도자를 향한 비전을 품게 하고, 그리스도와 연결되어 있지 않은 사람과 관계를 형성하도록 돕는다.

리더십 모임 8 미래의 리더 개발하기

초점: 선교는 다른 사람에게 열정을 투자해 리더십을 키워 줄 때 지속된다.
주요 성경구절: 막 3:14; 딤후 2:2
목표: 견습 리더를 찾아내고, 영입 절차를 모색한다.
필요한 자료: 종이와 성경
세부 계획: 회의실 또는 가정집, 다과

본보이기

1. 당신이 코치로서 누군가를 영입했던 일을 리더십 모임에서 이야기한다. 그 결과는 어떻게 되었는가? 오늘날 그들은 멘토가 되었는가? 그다음에는 리더들에게 자신의 이야기를 하도록 시간을 준다.
2. 당신이 시간을 투자하고 있는 견습 리더들에게 기대하는 것이 무엇인지 설명하라.

꿈 심어 주기

3. 현재의 소그룹 리더 모두가 내년에 한 사람씩 찾아내어 그룹에 데려온다면 교회는 어떻게 달라질까? 그 한 사람이 리더라면 얼마나 많은 새 그룹이 탄생하겠는가? 얼마나 많은 사람이 그룹 생활을 경험할 기회를 갖게 되겠는가?

당신에게 견습 리더가 있다면 리더십 모임에 데려오라. 모임에 참여한 리더들에게 당신이 양육 중인 사람을 만나게 하라. 성급하게 리더로 투입하기보다 리더로 '성장시킬' 필요가 있다는 사실을 깨닫게 하라. 리더가 되는 것은 하나의 과정이며, 현재 리더로 일하는 사람의 감독과 격려하에 성장하는 기간이 필요하다.

무장시키기

4. 교회 안에서든, 직장에서든 다른 사람을 잘 양육하는 리더를 찾아 그들과 인터뷰를 한다. 그들은 무엇을 추구하는가? 그들은 어떻게 시작했는가? 다른 사람을 리더십을 갖도록 키울 때 주의할 점은 무엇인가?
5. 교회의 리더 후보생 명단을 작성해 보라. 그다음 그들을 리더로 서지 못하게 하는 장애 요인을 목록으로 작성한다. 그것은 훈련인가, 비전인가, 기술인가, 두려움인가, 아니면 과거 경험인가? 깊이 생각한 다음에 장애를 없앨 방법을 고민해 보라.
6. 예전에는 마음에 내켜하지 않았지만 현재 헌신하고 있는 리더를 리더십 모임이나 교회에서 개최하는 리더 훈련 프로그램에 초대하는 방안을 생각해 보라. 무엇이 그를 리더십에 뛰어들게 했는지 물어보라. 당시 그에게 도움을 준 사람은 누구인가?

가이드하기

7. 디모데후서 2장 2절과 마가복음 3장 14절을 읽으라. 예수님이 하신 것, 그리고 바울이 한 일은 무엇인가? 예수님이 리더 훈련의 일환으로 행하신 '현장 교육'을 설명해 주는 마태복음 10장과 누가복음 10장도 함께 살펴보라.
8. 리더 후보를 찾도록 영안을 열어 달라고 기도하라(흔히 그들은 '리더'처럼 안 보인다). 그리고 과감하게 그들을 권유해서 개발 과정, 즉 파트너십에 끌어들일 수 있는 용기를 달라고 기도하라. 그들을 리더십 모임에 출석시켜 리더십 공동체에 참여하도록 함으로써 리더들이 어떤 일을 하는지 보도록 하라.

당신이 이끄는 리더십 모임에 참석하는 리더들이 이 과정을 영적 전투로 인식하게 하라. 마태복음 9장 35-38절은 우리가 천국 일꾼을 보내 달라며 기도해야 한다고 가르친다. 하나님은 그들의 마음속에서 역사하시는데, 악한 영은 그들이 소그룹이라는 작은 공동체를 일으켜 세상에 변화를 준다는 이유로 리더들을 힘들게 한다. 그래서 기도해야 한다!

그룹 방문

의사들은 하루도 빠짐없이 회진하면서 그들이 보살피는 환자의 건강 상태를 점검한다. 건강 상태를 평가하고, 정보를 제공하고, 격려하고, 더 좋아질 수 있는 방법을 제시한다. 의사들은 이처럼 각 환자의 전반적인 건강과 만족에 주의를 기울이면서 환자를 돌본다.

 마찬가지로 코치는 리더들과 그들이 이끄는 그룹 멤버의 행복과 안락한 삶에 관심을 갖고 순회하며 그룹을 방문한다. 그룹을 보살피고, 건강 문제를 개선하기 위해 노력하는 것이다. 또한 그들이 건강한 그룹으로 성장하는 데 필요한 실제적인 절차를 가르친다.

 그룹 방문이 제대로 이루어지면, 그룹 멤버들과 리더들은 격려받았다고 느낀다. 또한 코치가 방문하는 것을 기뻐하면서 다음 방문을 기다릴 것이다. 그것이 선한 목자의 특징, 즉 훌륭한 코치의 특징이다.

그룹 방문의 목적을 알리라

사도행전 15장 36절에 보면 바울과 바나바는 예전에 복음을 전파한 각 성을 다시 방문하기로 결심한다. 바울과 바나바의 목적은 교회를 격려하고, 그들이 어떻게 지내는지 보고, 도움이 필요한 경우 돕고자 하는 것이었다. 코치도 바울과 바나바처럼 그룹을 방문해서 어떻게 돌아가는지 보고, 문제가 있다면 그것을 해결하도록 조언하고, 그룹 리더와 멤버들을 격려하고, 그룹이 성장하도록 도와야 한다.

그룹 방문을 통해 코치는 현재 사용하는 교과 과정이 무엇이고, 누가 그룹의 멤버이고, 누가 그룹을 이끌고, 언제 어디서 만나는지와 같은 기본적인 사실을 파악하게 된다. 전형적인 그룹 방문을 통해 코치는 겉으로 드러나지 않는 다음 사실을 간파하게 된다.

- 그룹이 건강하고 진실한 관계로 형성되었는가?
- 건강하지 못한 갈등은 없는가?
- 그룹 멤버가 영적으로 성장하고 있는가?
- 새로운 사람을 영입하고, 그들을 모든 그룹 활동에 참여시키는가?
- 리더들은 견습 리더를 어떻게 활용하여 개발하는가?

효과적인 그룹 방문의 열쇠는 지지와 격려다

효과적인 그룹 방문은 그룹 멤버들과 함께 리더를 지지해 주고 격려하는 역할을 하게 된다. 방문 효과를 극대화하기 위해서는 다음 사항에 관심을 가져야 한다.

리더의 두려움을 잠재우라

리더는 당신의 방문에 불안감을 가질 수 있다. 첫 방문의 경우에는 예외 없이 긴장한다. 하지만 계속 그런 불안감을 갖는 것은 바람직하지 않다. 따라서 그룹을 방문하기 전에 리더와의 관계를 원활하게 해 두는 것이 좋다. 리더들은 단순히 그들이 하는 일뿐 아니라 그들의 존재 자체가 당신에게 중요하다는 사실을 알아야 할 필요가 있다.

또한 리더들은 당신이 돕기 위해 방문한다는 사실을 알아야 한다. 당신이 그룹을 방문하는 목적은 그들을 후원하고 격려하며, 자원이 되어 주고, 그들이 이끄는 그룹을 위한 아이디어를 제공하는 데 있다는 사실을 확인시켜 주어야 한다. 결코 비평하거나 잘못을 지적하기 위해 방문하는 것이 아니라는 사실을 알려 주라.

리더들이 책임져야 할 부분이 있기는 하지만, 그렇다고 해도 리더가 당신의 방문을 두려워해서는 안 된다. 당신의 주된 목적은 멘토가 되어 주고, 리더십 기술을 개발하는 데 있다.

격려자가 되라

사도 바울은 사역의 많은 부분을 다른 리더들과 그리스도의 제자들을 격려하면서 보냈다. 격려를 소중하게 생각했던 그는 직접 갈 수 없는 상황이면 디모데나 실라 또는 다른 사람을 보냈다.

당신의 리더들은 격려를 필요로 한다. 가장 노련하고 성공적인 리더라 할지라도 많은 좌절을 경험했을 것이다. 그만두고 싶다고 느끼는 사람도 있을 것이다. 리더들은 자신이 다른 사람의 삶에 어떤 영향을 미치는지 미처 깨닫지 못할 때가 많다.

다음과 같은 상황에서 그룹 방문은 격려의 효과를 나타낸다.

- 10 대 2의 룰을 적용한다. 개선을 위한 제안을 두 번 할 때 격려하는 말을 열 번 한다.
- 그룹 멤버들에게 당신이 리더에게 얼마나 감사해하는지 말해 주라.
- 나눔을 편안하게 느낀다고 진실되게 칭찬하라(예를 들어 "토론에서 주고받은 이야기가 아주 좋군요, 감사합니다"와 같은 말이다).
- 모임이 끝나면 리더들에게 특별한 소감을 전하라. 그룹 모임 진행 방법을 보고 잘되었다고 느낀 점은 무엇인가?

사전 지식을 가지라

코치가 소그룹과 그 멤버들에 대해 잘 알고 있을 때 그룹 방문은 가장 효과적이다. 여기에 주요 사항을 소개하겠다. 첫 그룹 방문을 계획하기 전에 리더와 일대일로 만나 체크해 보는 것이 바람직하다.

- 그룹의 성격과 목적은 무엇인가?
- 그룹이 만들어진 지 얼마나 되었고, 어떻게 시작되었는가?
- 그룹이 사용하는 커리큘럼은 무엇이며, 어떤 교훈에 바탕을 두었는가?
- 그룹 멤버들의 이름은?
- 리더들은 당신이 언제 와 주기를 바라는가?
- 이 모임과 관련해 리더들이 염려하는 일이 있는가?
- 모임에서 당신이 맡을 역할은 무엇인가? 관찰만 할 것인가, 아니면

프로그램에 참여할 것인가?

계획을 가지고 가라

그룹 방문을 계획하면서 당신의 역할, 리더와 그룹을 가장 잘 섬길 수 있는 방법이 무엇인지 잘 생각해 보라. 당신을 사용해서서 리더와 그룹 멤버들이 그리스도와의 관계에서 성장하는 데 도움이 되게 해달라고 하나님께 구한다.

당신이 게스트로 참석할 경우 그룹 멤버들이 평소와 다르게 관계 패턴을 바꿀 수도 있다. 즉 불안감 때문에 나눔의 양을 달리할 수 있다. 그룹 방문을 정례화해서 코치가 있어도 멤버들이 편안하게 느끼도록 해야 한다. 대략 한 해에 두세 번 정도면 적당하다.

리더와 만나라

그룹 방문 수주일 전에 그룹을 이끄는 리더와 견습 리더를 만나라. 이것은 정기적인 일대일 만남이 될 수도 있고, 전적으로 그룹 방문 계획만을 위한 별도의 만남이 될 수도 있다. 이때는 다음 사항을 고려하라.

- 리더에게 방문 목적을 설명한다.
- 방문하기에 가장 적당한 날짜와 시간을 정한다. 특별한 그룹이나 그룹 스터디의 경우에는 밤 시간에 방문할 수도 있다.
- 당신의 방문과 관련해서 리더가 갖는 질문에 답한다.
- 그룹의 현 상황에 대한 리더의 관점을 파악한다. 걱정이나 축하할 일, 또는 문제점을 알아본다.
- 리더와 함께 그룹을 위해, 당신의 방문을 위해 기도한다.

- 그룹 멤버들에게 당신의 방문을 알리도록 요청한다.

목표를 정하라

목표를 정하면 방문 시 당신이 해야 할 역할, 리더나 견습 리더와 함께 무슨 활동을 할 것인지가 분명해진다. 다음 사항을 자신에게 물어보라.

- 이 그룹을 방문하는 이유가 무엇인가?
- 이 방문을 통해 이루려는 것이 무엇인가?

다음은 위의 두 가지 질문에 대해 가능한 대답이다.

자신을 위해
_ 리더와 그룹 멤버들을 잘 알아야 한다.
_ 리더가 어떻게 그룹을 이끌어 가는지 알아본다.
_ 리더가 어떻게 견습 리더를 양육하는지 살핀다.
_ 리더 후보와 견습 리더를 찾는다.
_ 그룹에서 이루어지는 관계의 속성을 파악한다.
_ 그룹 멤버들의 헌신 정도를 평가한다.
_ 견습 코치의 기술을 개발한다.

리더를 위해
_ 리더를 격려하고 지지한다.
_ 리더는 특정 상황을 파악하기 위해 도움을 필요로 한다.
_ 리더가 도움을 얻어 해결해야 할 과제나 문제가 있다.

- 리더에게 새로운 아이디어나 방법을 제시한다.
- 리더의 뜨거운 헌신(또는 다른 긍정적인 자질)을 그룹 멤버들에게 확인시켜 준다.
- 그룹 재생산(배가)을 돕는다.
- 소그룹의 비전을 명시한다.
- 새로운 멤버에게 열린 분위기를 조성하도록 도전을 준다.

그룹 멤버를 위해
- 그룹에 그들을 돕는 코치와 스태프가 있다는 사실을 알린다.
- 사역이나 교회에 대한 그들의 질문에 답변한다.
- 소그룹 사역에 대한 질문에 답변한다.
- 소그룹 참여에 대한 헌신을 격려한다.
- 그리스도와의 관계 속에서 성장하려는 그들의 열망을 확인한다.

세부 사항을 계획하라
202쪽의 계획을 위한 가이드 첫 부분을 사용해 방문을 위한 세부 사항과 목표를 정한다. 가이드의 윗부분을 방문과 관련된 사실로 채운다. 이는 방문할 때 필요한 참고자료가 된다.

리더의 평가: 리더와의 대화에 통해 관찰 또는 파악한 사항을 기록해 두라.

- 그룹의 상태는 어떤가?
- 칭찬할 만한 것은 무엇인가?

- 리더가 이야기한 걱정이나 문제점이 발견되었는가?
- 리더는 어떤 방법으로 견습 리더를 개발하는가?

보완이 필요한 과제: 이전에 표출되었던 과제 중 이 리더와 그룹/리더 또는 그룹과 함께 보완할 필요가 있다고 느끼는 것은 무엇인가?

코치의 역할: 리더는 당신이 그룹 모임 중 어느 정도까지 참여하기를 원하는가?

목표: 방문을 통해 이루려는 목적은 무엇인가? 박스 안에 구체적인 목표를 기록하라.

그룹 방문 시 주의사항

일찍 도착하라
모임 전에 리더, 견습 리더와 함께 계획을 세우라.

- 그룹의 상황이 어떤지 직접 물어보라.
- 그룹에 대해 다시 묻되, 모임과 관련해 염려스러운 일이 있는지 물어보라.
- 당신이 그룹 모임에서 어떤 역할을 담당하는 게 좋은지 확인하라.
- 그룹 모임 일정과 리더의 계획에 대해 토의하라.
- 리더를 위해, 그룹 참여자를 위해, 모임을 위해 기도하라.

- 그들을 후원하는 것이 방문 목적이라는 점을 주지시키라.
- 그룹 멤버가 도착하면 인사를 나누라.

모임을 관찰하라

리더에게 당신을 그룹 멤버들에게 소개하고, 방문 목적을 설명해 달라고 부탁한다. 리더와 미리 약속한 범위 내에서 모임에 참여하고, 당신의 참여가 그룹 멤버들의 참여를 제한하거나 막지 않도록 한다. 방문 목적이 그룹의 실제 상황을 관찰하는 데 있다는 사실을 잊어선 안 된다. 리더와 견습 리더가 그룹과 어떻게 상호작용을 하는지 관심을 갖고 지켜본다. 204쪽의 관찰기록표를 보고 모임 관찰 방법에 대한 아이디어를 얻는다. 다음은 관찰할 때 점검 대상으로 삼아야 할 사항이다.

- 모임에 도움이 되었는가?
- 모임은 정시에 시작되고 정시에 끝났는가?
- 리더는 주제에 집중했는가?
- 통제 과정에서 리더가 고압적이지는 않았는가?
- 질문은 효과적이었는가?
- 리더가 모임 중에 나오는 반응에 귀를 기울였는가?
- 그룹 멤버끼리 좋은 관계를 유지하고 있는가?
- 리더와 그룹 멤버 간의 관계는 어땠는가?
- 특정한 그룹 멤버가 토의를 지배하지는 않았는가?
- 재생산(배가)이 그룹 전략의 일부분이 되었는가?
- 그룹은 새로운 사람에게 열려 있는가? 최근 새로운 멤버가 들어온 것은 언제인가?

- 기도회는 의미 있는 시간이었는가? 참석자는 누구였는가?
- 이 모임에서 하나님은 어떤 방법으로 역사하셨는가?

모임 중에는 특히 기록에 주의를 기울여야 한다. 그룹 전체 또는 그룹 멤버에 의한 특정한 이야기에 대해 비판적이라는 인상을 줄 수 있기 때문이다. 모임을 끝내고 난 후 시간을 내서 관찰한 내용을 비공개로 기록하는 것이 좋다.

또한 그룹이 공개할 수 없는 내용을 나누어야 할 때, 또는 기도를 해야 할 때 모임 중에 자리를 떠날 각오가 되어 있어야 한다. 밖으로 나가거나 그룹과 만나게 되어 감사했다는 인사말을 남기고 일찍 헤어지면 된다.

그룹 방문 후에 다시 만나라

모임이 끝나면 즉시 리더와 견습 리더에게 소감을 이야기한다. 이때는 몇 가지 구체적인 사례를 들어 격려한다. 그룹 모임 중 불분명하거나 혼란스러운 부분이 있으면 질문해서 분명히 이해하도록 한다.

방문하고 나서 가능한 빠른 시간 내에 리더, 견습 리더와 다시 만날 것을 약속한다. 잘한 일에 대한 격려를 잊지 말고, 당신의 의견과 생각을 구체적으로 재확인한다.

개선이 필요한 리더십 영역을 지적하는 데서 그치지 말고, 발전을 위한 구체적인 제안을 하도록 한다. 몇 가지 아이디어를 제시하고 그중 그 그룹에 가장 적합한 것을 선택하도록 해서 당신이 섬기는 리더들을 위한 자원이 되어야 한다.

　방문 중에 표면화된 문제가 있으면 필요한 경우 한 주에 몇 차례라도 리더와 만나 사후조치를 취한다. 리더와 함께 문제에 대한 해결책을 찾아야 한다는 말이다.

　방문을 끝내고 나서 코치로서 당신이 한 일에 대한 효과를 분석해 본다. 당신이 진술한 의견을 점검해 보고 달리 의견을 제시할 소지가 있었는지 살펴본다. 견습 리더가 동행했을 경우 방문에 대해 함께 토의한다.

　이 그룹을 다시 방문할 때 참고하도록 방문 기록을 보관한다. 다음에 나오는 가이드를 방문 계획을 위한 도구로 사용하라.

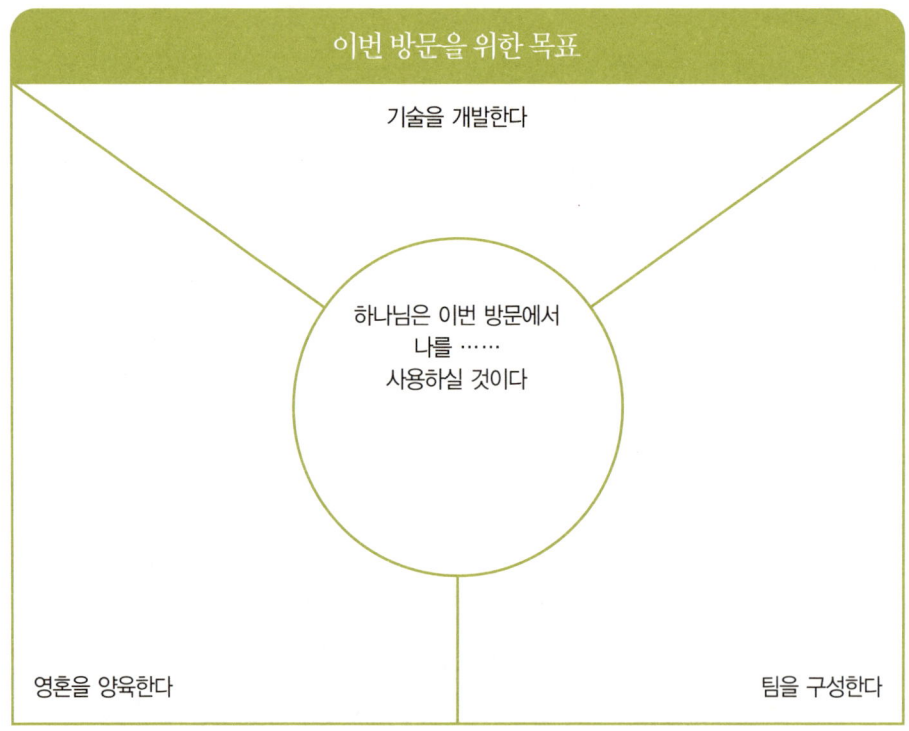

그룹 방문 계획

그룹 리더 이름	날짜	모임 시간
그룹 멤버	장소	도착 시간
	교육/주제	모임 중 내 역할
리더의 평가	사후처리 과제	기도 부탁

그룹 방문 관찰 기록

리더십 기술
모임의 목적이 달성되었는가?

참석자가 모임/리더에게 도움을 받았다고 생각하는가?

리더가 소외시킨 사람은 없었는가?

견습 리더 개발
견습생은 어떤 역할을 맡았는가?

리더는 견습생의 어떤 기술을 개발하고 있는가?

견습생을 위한 다음 단계는 무엇인가?

그룹 역동성
토론은 자연스럽게 진행되었는가?

그룹 내의 관계가 나아지고 있는가?

갈등은 어떤 방법으로 해소되는가?

보살핌
이 그룹의 필요가 충족되었는가?

멤버들이 보살핌을 받았다고 느끼는가?

이 그룹에서 축하할 일은 무엇인가?

그룹을 위한 내 기도 제목은 무엇인가?

분쟁 조정

갈등을 건강한 방법으로 해결하라

당신이 관여하는 그룹에도 갈등은 찾아오게 마련이다. 갈등을 피해 가는 그룹은 찾아보기 힘들다. 그런 그룹은 일반적으로 만들어진 지 얼마 안 되었거나, 깊은 관계가 형성되지 않았거나, 지나치게 예의바른 것이다. 갈등은 자연스러운 일로, 그룹 생활의 일부분이라고 할 수 있다.

따라서 문제는 "갈등이 생겼을 때 어떻게 대처할 것인가?" 하는 것이다. 그룹이 갈등을 건강한 방법으로 해결하도록 돕는 것은 그룹 멤버나 리더뿐 아니라 코치인 당신의 성장과도 연결된다. 코칭을 위한 대화 '건강한 방법으로 갈등 해소하기'를 복습해 보라.

또한 『삶을 변화시키는 소그룹 인도법』의 '갈등 해소' 부분을 보면 도움을 받을 수 있다. 그러면 갈등을 헤쳐 나가는 데 필요한 몇 가지 지침을 제시하겠다.

리더는 결과가 아니라 과정에 책임을 지라. 현명하게 상담을 이끌어 가고, 과정을 인도하고, 사람에게 책임지도록 만드는 것이다. 결과적으로 그들이 용서하고 화해하느냐 하지 않느냐 하는 것은 전적으로 당신 영역 밖의 일이다.

한 차례의 모임으로 갈등이 해결되지 않아도 된다. 인생은 텔레비전 쇼가 아니다. 모든 일이 30분 내에 해결될 수는 없다. 사람이 자신의 생각과 감정을 정리할 시간적 여유를 주어야 한다. 문제를 풀고 치유할 시간적 여유를 주라는 말이다.

갈등 해결은 신뢰와 비밀 유지를 바탕으로 한다. 비밀 유지가 우선시되지 않으면 상처를 입을 가능성이 커진다. 지혜롭고 식견 있는 사람이 아니라면 문제를 그룹 밖의 사람과 이야기하는 것은 바람직하지 않다.

마음의 준비를 하라. 갈등을 겪는 당사자가 30분 또는 하루 동안 기도와 묵상 시간을 갖고, 앞으로의 절차에 대비하도록 마음의 준비를 시킨다.

바로 시작하라. 기다림은 상처를 깊게 하고 고통을 연장시킬 뿐이다.

직접 만나라. 이메일과 전화가 바람직한 경우도 있긴 하지만 갈등을 해결해야 할 경우에는 다르다. 편지나 이메일은 불쾌한 감정을 문서화해서 상대에게 각인시킬 뿐이다. 이때는 전화를 걸어 약속 시간을 잡고 직접 만나서 이야기를 나눈다.

절차를 단순화하라. 갈등이 그룹 멤버들 중 두 사람 사이에서 일어났다면 마태복음 18장의 가르침대로 먼저 둘이 만나서 대화를 나눠야 한다. 이때는 그들을 격려하고, 책임지고, 그렇게 하도록 권유하는 것이 좋다.

관계를 확인하라. 다른 사람을 만날 때면 언제나 이것이 출발점이 된다. 이는 깨어진 관계를 회복시키거나 성장을 돕는 데 그 목적이 있다. 그 사람에 대한 사랑이 없거나, 그 사람과의 관계를 소중하게 생각되지 않는다면 만나지 않을 것이다. 따라서 관계 회복에서 출발해야 한다.

사실을 알아내라. 당신의 관찰 결과나 느낌을 제시하는 데서 그치지 말고 다른 사람에게도 말할 수 있는 기회를 준다. 그들의 말을 듣는 과정에서 사실을 파악하기 위해 힘쓰되, 대체 무슨 일이 일어났는지 밝혀질 때까지 인내해야 한다. 사실 파악에는 시간이 필요하다.

고발이 아닌 관찰을 하라. 당신이 보고 듣고 이해한 것을 확실하게, 숨김없이 이야기한다.

결의 내용을 알리라. 우리의 목표는 이기고 지는 데 있는 것이 아니라는 사실을 명심하라. 깨어진 관계를 회복하고 전진하는 데 목적이 있다. 그것은 때로 해결책에 동의하는 것을 의미하기도 하고, 때로는 동의하지 않기로 동의하는 것을 의미하기도 한다. 그리고 때로는 잠언 19장 11절 말씀대로 허물을 덮는 것이 자기의 영광이 되기도 한다. 해결을 모색하기 위해서는 어떤 단계를 밟아야 할지 함께 결정한다. 그다음에는 그룹 멤버들에게 그것을 끝까지 지키게 한다.

화해를 조성하라. 갈등 해소가 전부는 아니다. 신뢰가 깨어지고, 관계에 손상을 입었을 수도 있다. 당분간 마음이 편치 않더라도 기회가 될 때마다 리더와 협력해서 관계 회복을 추구한다.

빈 의자: 새 멤버를 그룹에 영입할 때 요령

'빈 의자'는 구도자, 교회에 출석하는 성도, 기존의 소그룹 멤버를 연결하는 가장 효과적인 방법이다.

당신의 리더들에게 비전을 보도록 하고 새 멤버 추가 전략을 이해시키기 위해『삶을 변화시키는 소그룹 인도법』에 나오는 '그룹의 양적 성장' 부분을 사용하면 좋을 것이다. 리더들이 소그룹 밖에서 갖는 관계에 대해 자주 대화를 나눈다. 그들은 그룹 밖의 사람과 어떤 방법으로 관계를 형성하는가? 그중에서 그룹 멤버 후보에 적합한 사람이 있는가? 그룹 참여가 그 사람의 영적 성장을 위한 다음 단계로 적절하다고 보는가?

리더들에게 그룹 멤버가 어떻게 다른 사람과 관계를 맺는지 물어본다.

리더들이 사교 행사나 다른 비공식 모임을 그룹 멤버 후보생 초청을 위한 기회로 삼도록 한다.

하나님이 그룹의 빈 의자를 채울 누군가를 보내 주시도록 리더들을 위해, 리더들과 함께 기도한다. 리더들이 다음 소그룹 모임에서 빈자리를 위해 기도하는 시간을 갖도록 한다.

185쪽 '열린 공동체 되기'의 코칭 대화를 활용해 이 영역에서 리더들이 취할 다음 단계를 결정한다.

리더의 견습 리더 선정과 개발을 도우라

그룹 리더들의 견습 리더 개발에 필요한 많은 자료가 『삶을 변화시키는 소그룹 인도법』에 수록되어 있다. 다음은 당신이 섬기는 리더들과 함께 살펴봐야 할 주제다.

- 견습 리더가 필요한 이유
- 견습 리더를 찾는 방법
- 거절에 대응하기
- 견습 리더의 책임
- 견습 리더를 개발하는 방법

그 밖에 당신이 섬기는 리더들이 견습 리더를 찾고 개발하는 데 필요한 몇 가지 지침을 제시하겠다.

- 일대일 만남을 통해 지금까지 진전된 내용을 이야기한다.
- 리더십 모임 또는 일대일 만남을 통해 『삶을 변화시키는 소그룹 인도법』이나 이런 주제를 다루는 유사한 자료 중 견습 리더에 대한 내용을 살펴본다.
- 리더들과 역할 연기를 해 본다. 여기서 코치는 어떻게 견습 후보에게 접근할지를 보여 줘야 한다.
- 소그룹을 방문해 견습 리더 후보 찾는 일을 돕는다.
- 리더십 모임 또는 일대일 만남을 통해 리더와 견습 리더를 함께 만난다.
- 견습 후보가 리더십 모임과 훈련 행사에 참여하도록 격려한다.
- 코칭 대화 8. '미래 리더 개발하기'를 활용하여 견습 리더 개발과 관련해서 리더들이 어디까지 진전을 이루었는지, 어떤 어려움을

겪고 있는지 함께 토의한다.

그룹을 배가(재생산)하라

코치는 소그룹을 위한 비전과 배가라는 측면에서 중요한 역할을 담당한다. 하지만 리더들은 배가를 목적이 아닌 부차적 산물로 볼 필요가 있다. 견습 리더가 훈련되고 그룹의 빈자리가 채워질 때 그룹은 배가되게 마련이다. 이는 성장 과정에서 오는 자연스럽고도 건강한 현상이다. 그룹 배가와 관련하여 리더들을 돕는 데 필요한 몇 가지 정보를 제시하겠다.

비전을 제시하라. 리더십 모임, 소그룹 방문, 일대일 만남의 시간을 통해 배가의 비전을 제시한다. 성경의 가르침에 따라 제자를 세우고, 공동체에 다른 사람을 연결시키도록 도움을 준다.

확신을 주라. 그룹을 방문하면 이미 이룬 일에 확신을 심어 줘야 한다. 또한 빈 의자 사용을 격려한다. 견습 리더에게는 리더로의 성장에 대한 확신을 심어 줘야 한다. 그룹이 성장하는 과정에서 배가와 배가의 유익에 대해 토의하도록 이끌어 준다. 배가가 관계의 끝이 아니라 관계의 성장 결과임을 주지시킨다.

과정에 참여하라. 리더와 견습 리더를 만나 그들이 그룹에 무엇을 전달해야 하며, 어떻게 배가 전략을 수립해야 하는지 이야기를 나눈다. 그들이 배가의 비전을 이해하고, 그룹 멤버들을 격려하여 배가로 이끄는 것이 중요하다는 사실을 이해시킨다.

격려자와 후원자가 되라. 배가를 검토하는 소그룹의 마지막 모임에 참여하는 것이 타당한지 생각해 본다. 해당 그룹 멤버들과 리더는 이 결정 과정에 당신이 참여하길 원할 수도 있다. 참여할 필요가 없는 경우도 있지만 요청이 있을 때는 참석하도록 한다. 참석한 경우 격려자와 후원자의 역할을 한다.

사후관리를 하라. 배가 과정에서 두 리더와 접촉하고, 당신의 도움이 필요한지 살펴본다. 리더십 모임을 통해 새 리더와 견습 리더를 축하하고, 그들을 위해 기도한다.

행정관리를 하라. 새 리더가 새로운 책임을 감당하도록 필요한 지도를 한다. 새 그룹이 형성되기 전이라도 가능한 빠른 시간 안에 만남을 가진다. 그리고 관계를 형성하고, 섬김서약서를 작성한다.

> 개발보조자료

견습 코치 양성하기

사역의 유산을 이어 갈 견습 코치를 양성하는 데는 다음 네 가지 단계가 필요하다.

1. 발굴　2. 채용　3. 개발　4. 위임

1. 견습생을 발굴한다: 찾는 것이 무엇인가?

모든 소그룹 리더가 다른 리더를 목양하는 데 필요한 은사와 열망, 능력을 지닌 것은 아니다. 소그룹 리더가 한 단계 올라간다고 해서 코치가 되는 게 아니라는 사실을 명심하라. 그것은 또 다른 섬김이다. 가장 효과적이고 자신의 역할에 만족을 느끼는 최고의 소그룹 리더는 하나님이 만드신다.

다음은 견습 리더 후보를 가려내는 데 도움이 되는 질문이다.

- 리더들을 섬기도록 하나님이 은사를 주시고 디자인하신 사람은 누구인가?
- 누가 사람 개발에 능력을 보이는가?
- 그룹을 배가(재생산)하고 즐거운 마음으로 새 리더를 목양하는 사람은 누구인가?
- 융통성을 갖고 그룹을 방문하며, 리더를 지지하는 리더십 모임을 주선한 사람은 누구인가? 사역 체계와 교회의 목표에 대한 분명한 관점을 가진 사람은 누구인가?
- 교회의 소그룹 사역에 대한 비전을 가진 사람은 누구인가?

2. 견습 리더 채용: 어떻게 견습 리더 후보에게 접근할 것인가?

그룹 방문이나 리더십 모임은 견습 코치를 찾아내고 채용하기에 가장 좋은 환경을 제공한다.

- 당신이 섬기는 각 리더의 참여도와 성숙도를 살펴본다.
- 리더들과 그들이 견습 리더 개발을 위해 하는 일에 대해 토의한다.
- 그들을 견습 코치로 준비시키는 일과 관련해 과거의 훈련과 경험을 함께 나눈다.

다음과 같은 도전을 준다.

- 견습 코치 후보를 초청하여 당신이 리더십 모임, 그룹 방문, 일대일 만남을 이끄는 모습을 보여 준다.
- 견습 코치 후보를 리더십 모임을 계획하고 이끄는 일에 참여시킨다.
- 그들의 능력, 열정, 다른 리더에 대한 영향력을 관찰한다.
- 위의 절차를 통해 긍정적인 결과를 얻으면, 당신의 견습생이 되는 일을 생각해 보도록 도전을 준다.

3. 견습 리더 개발: 어떻게 견습생을 무장시켜 리더로 세울 것인가?

노련한 목수는 서두르지 않고, 한 번에 한 가지 기술을 가르치는 방식으로 견습생을 훈련시킨다. 기본이 되는 다음 지침을 따르길 바란다.

- 견습생이 당신의 코치 현장을 살펴보도록 한다.
- 질문하고 관찰할 기회를 제공한다.
- 차츰 더 많은 책임을 지도록 한다. 함께 그룹을 방문하고 모임 전후에 리더와 교감하도록 한다.

- 문제를 해결하고 갈등에 대처하도록 도움을 준다.
- 훈련과 소그룹 행사 참여를 격려한다.
- 견습생에게 소감을 말해 줌으로써 유익을 주고 격려한다.
- 그들에게 다른 리더 또는 당신이 섬기는 리더십 내의 다른 견습 리더를 목양하게 한다. 이들 리더도 언젠가 자신이 속한 리더십 모임의 핵심이 될 수 있다.

4. 견습 리더에게 위임하기: 견습생은 어떻게, 언제 정식 코치가 되는가?

오랫동안 리더 세우기에 힘써 온 폴 허시Paul Hersey와 켄 블랜차드Ken Blanchard는 리더십 개발에 다음 네가지 단계가 필요하다고 했다.

- **지도하기** 대부분의 가이드 제공에 참여하여 많은 가르침을 담당하고 본보기를 보인다.
- **코치하기** 견습생의 행동을 관찰하고, 정보를 제공하고, 격려하고, 기술을 개발하도록 도와준다.
- **후원하기** 도움을 주는 데서 그치고, 견습생에게 더 많은 의사결정과 리더십의 기회를 준다.
- **위임하기** 견습생에게 중요한 리더십 책임을 위임하고 능력껏 책임지도록 한다.

이 단계를 거치는 동안 당신의 지시 행위는 점차 줄어들고 견습생에게 더 많은 책임을 위임하게 된다. 견습생이 코칭을 더 깊이 이해하게 되면서 지시와 후원에 대한 필요성이 줄어들게 된다. 견습 코치가 자기 역할을 충분히 감당하고, 그의 코치를 받는 리더들이 잘해 나간다면 정식 코치로서의 활동을 시작할 시점이 온 것이다.

| 개발보조자료

리더십 모임 배가하기

리더십 모임을 배가하는 것은 소그룹을 배가하는 것과 비슷하다. 리더와 견습생의 숫자가 늘면서 리더십 모임이 커지고, 당신이 섬길 수 있는 범위가 한계에 부딪히게 된다. 이 시점에서는 배가가 불가피하다. 배가 절차에 대한 기억을 새롭게 하기 위해 『삶을 변화시키는 소그룹 인도법』에 나오는 '사역의 배가' 부분을 참고하면 도움이 될 것이다. 이어서 다음 단계를 밟아야 한다.

　리더들을 배가에 대비하도록 교육시킨다. 견습생이 리더십 모임을 이끌면서 성장에 따른 필요에 대처하고, 리더십 개발을 지속하도록 비전을 제시한다.
　견습생이 코치가 되어 새 리더십 모임을 이끌게 될 때를 대비시킨다. 이를 위해 당신의 리더십 그룹을 분할하는 것도 한 가지 방법이다. 견습생에게 당신의 리더십 일부를 이끌 기회를 준다. 이런 기회는 언젠가 그들이 코치할 리더들과의 관계를 형성하는 데도 도움이 된다.
　당신의 견습생이 코치가 되면 당신에게도, 그에게도 새 견습 코치가 필요해진다. 통상적으로 강한 영적 품성을 갖추고 다른 사람을 지도하는 데 열정을 가진 그룹 리더가 그 후보가 된다.
　마지막 리더십 모임을 계획하고 새로운 코치, 새로운 견습생과 함께 새 그룹 리더들을 참여하도록 한다. 모임을 함께 축하하면서 기도와 격려의 말로 새 코치를 세운다.

part 5 코치의 세계

코치에게 갖는 기대감은 교회에 따라 다르지만 변하지 않는 사실이 한 가지 있다. 코치의 삶에는 보상만큼 어려움도 따른다는 것이다. 관계를 형성하고 유지하는 일, 위기와 도전에 대처하는 일, 분명한 커뮤니케이션을 유지하는 일 등 모든 일이 시간과 에너지를 요구한다. 대부분의 코치는 일주일에 50시간이 넘는 일을 하면서 헌신하는 자원자다. 이런 상황에서 어떻게 직장 일과 사역에 균형을 유지하면서 가족을 위한 시간과 에너지를 가질 수 있을까? 취미생활은? 그들의 삶은? 다음 지침은 코치가 삶과 사역의 균형을 유지하는 데 도움이 될 것이다.

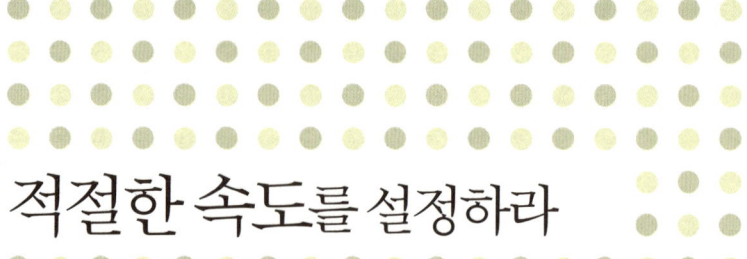

적절한 속도를 설정하라

예수님의 사역을 자세히 살펴보면 결코 소모적이지 않으며 결코 서두르는 일이 없으셨다. 좀 더 규모가 큰 대중 사역과 개인적인 사역 사이에 균형을 유지하셨다. 소란한 대중과 함께하시면서 며칠씩 가르치시고, 병을 고치시는 일이 다반사였지만 한편으로는 한적한 곳을 찾아 열두 제자와 함께하셨던 모습도 자주 눈에 띈다 막 6:32. 심지어 무리를 남겨 두고 떠나신 적도 있다 마 14:13; 막 1:35; 눅 4:42. 예수님은 건강한 리듬을 유지하면서 사역하셨다.

> 예수님은 혼자 살거나, 여행하거나, 일하시지 않았지만 때로는 혼자만의 시간을 갖기도 하셨다. …… 예수님이 이고 시는 지상 공동체가 하나님의 아들인 그분과의 연계성을 반영하도록 하늘나라 공동체에 투자하시는 시간이었다.
> -개러스 아이스노글, 『성경적 기초』 (SFC출판부, 2007)

코칭과 같은 관계적 사역에서 진정한 완성은 없다. 주의를 요하는 새로운 과제가 끊임없이 발생하고, 해결하지 않으면 안 되는 새로운 문제가 발생하기도 한다. 그렇다 보니 리더들은 끊임없이 새로운 비전과 기술을 필요로 한다. 당신이 하는 일은 단거리 경주보다 마라톤에 더 가깝다. 훌륭한 마라토너는 끝까지 완주하기 위해 일정한 속도를 유지하는 게 얼마나 중요한지 알고 있다. 적절한 속도를 설정하는 데 필요한 몇 가지 전략을 소개하겠다.

삶과 사역을 위한 일정을 짜라

개인 달력에서 다음 달 달력을 보며 다음 일에 시간을 할애한다.

- 하나님과 함께하는 개인적 시간
- 직장 일
- 가족, 친구와 함께하는 시간
- 예배 출석

다음에는 스케줄에 남아 있는 가장 좋은 시간을 리더들을 위해 할애하는 것으로 정한다. 한 주에 한 가지 활동을 선정하는 것으로 시작한다. 일반적으로 대부분의 코치는 4~6주 동안 다음과 같은 일을 한다.

- 소그룹 모임을 갖는 한 그룹을 방문한다.
- 그룹 리더와 일대일로 한 차례 만난다.
- 그룹 리더들을 위한 한 차례의 리더십 모임을 갖는다.
- 사역 리더(스태프나 수석 코치)와 일대일로 만난다.
- 다른 코치와 함께하는 리더십 모임에 참석한다.
- 전화나 이메일을 통해 리더 한 사람 한 사람과 정기적으로 접촉을

갖는다.

이것을 달력에 기입하고 나서 달력 전체를 훑어본다. 감당할 만하다는 생각이 드는가? 삶과 사역에는 언제나 바쁜 시기가 있게 마련이다. 그런 시기가 한 달씩 연장된다면 결국에는 지쳐 버리고 만다. 이것을 피하기 위해 달력에 두 가지 사항을 더 추가한다.

1. **여유 시간(Margin)** 깨어 있는 모든 시간을 활동 계획으로 채우고 싶은 유혹을 물리치고 일부러 빈 공간을 만든다. '여유 시간'이라고 적어 넣어도 좋다. 여유 시간은 살면서 계획에 없던 일이나 예기치 않은 일이 일어났을 때를 대비할 수 있는 여유로움을 안겨 준다.
2. **재충전의 시간(Replenishment Time)** 무엇이 당신의 삶을 즐겁게 하는가? 삶과 사역에 활기를 주는 것은 무엇인가? 요즘 그런 활동

스트레스 관리를 위한 달력 샘플

	주일	월요일	화요일	수요일	목요일	금요일	토요일
오전	교회	일	일	일	일	일	축구 연습
오후		일	일	일	일	일	집안 일
저녁	리더십 모임		아이들 축구 게임		리더들에게 전화		가족 나들이

을 한 적이 있는가? 취미 활동, 휴가, 레크리에이션, 운동 또는 휴식을 위한 시간을 따로 떼어 놓는다.

달력에 여유 시간과 재충전의 시간을 정해 놓고 그것을 지키는 데 최선을 다한다. 이는 당신이 건강과 능력을 유지해 가면서 오랫동안 성공적인 코칭 생활을 할 수 있는 열쇠가 된다.

다음에 나오는 스트레스 관리 달력은 코치로서의 활동 속도를 조절하는 데 유용한 도구다. 활동과 의무 사항을 계획한 다음, 이 달력을 사용해 당신의 스트레스 정도를 체크한다. 다음은 달력을 작성하는 몇 가지 요령이다.

- 각각의 칸에 일, 가족, 사역을 기재하고 그 칸에 X 표시를 한다. 한 시간이 걸리는 일이든, 전체 시간을 다 쓰는 일이든 이 표시를 한다.

내 스트레스 관리를 위한 달력

	주일	월요일	화요일	수요일	목요일	금요일	토요일
오전							
오후							
저녁							

- 그다음 빈 칸을 세어 보라. 빈 칸이 3개 이하면 스트레스가 많다는 사실을 의미한다.
- 매주 최소한 4~5개의 빈 칸을 목표로 하되, 최소한 일주일에 하루는 빈 칸 3개를 만들어 놓도록 하라(여유 시간, 재충전의 시간으로).

시간을 극대화하라

리더들을 코치하는 데 투자하는 시간은 한정되어 있다. 따라서 그들과 함께하는 사역을 향상시키는 목표와 활동에 집중하는 것이 중요하다. 몇 가지 이유로 일대일 만남 등 한 가지 코칭 역할에 집중할 때 섬기는 리더들에게 더 큰 도움을 주게 된다. 개별적인 만남에 많은 시간을 할애한다는 것은 리더십 모임이나 그룹 방문 빈도를 줄인다는 것을 의미한다. 우리의 목표는 모임에 있지 않고 리더를 개발하고 육성하는 데 있다는 점에 유념하라.

모임이나 약속을 두 배로 늘려 당신의 시간을 극대화할 수도 있다. 예를 들어 화요일 밤에 그룹을 방문하려는 계획을 세웠다면 방문 전이나 후에 하룻밤을 더 잡아 다른 리더를 만날 수도 있지 않겠는가?

Create Care Covenants

섬김서약서 작성

우리는 모든 관계에 기대감을 갖고 살아간다. 그것은 필요에 따른 것일 수도 있고, 우리의 욕구나 소망, 꿈일 수도 있다. 리더와 코치는 모두 기대감을 갖고 코칭 관계에 들어간다. 또한 리더는 새로운 코치와의 관계에 대한 기대감과 두려움을 갖는다. 이는 어떤 도움을 받고 개발 효과를 얻게 될 것인지에 대한 감정이다. 코치는 코치대로 리더와의 관계에 대한 기대감과 교회에 대한 기대감을 가진다.

이런 기대감을 갖고 이야기를 나눌 때 코치와 리더 사이에서 가능한 것과 가능하지 않은 것을 분명히 정의할 수 있다. 기대감에 대한 공통분모를 찾고 합의를 이루는 것이 섬김서약서의 기초가 된다. 섬김서약서를 작성하면 당신이 섬기는 리더들의 기대감을 어떻게 관리하고 돌볼 것인지 결정하는 데 도움을 얻는다. 또한 그것은 미래의 성장과 사역을 위해 필요한 가장 충성

> 여유는 필요 이상으로 허용되는 양을 의미한다. 그것은 우연히 발생하는 일, 즉 예기치 않은 일을 위해 유보되는 부분이다. 여유 시간은 휴식과 기진맥진한 상태 사이의 간격이며, 자유롭게 호흡할 수 있는 상태와 질식 사이의 공간을 의미한다. 그것은 한때 우리 자신과 우리의 한계 사이에 존재했던 여백이다.
> —리처드 스웬슨 Richard Swenson, 『여유 시간 Margin』

스러운 리더를 개발하는 데도 도움이 된다.

    다음에 제시하는 섬김서약서는 당신이 섬기는 리더들을 위해 사용하도록 만든 샘플이다. 섬김서약서를 작성할 때는 몇 가지 단계가 있다.

| 개발보조자료

섬김서약서

이 섬김서약서는 당신이 그룹 리더들과 맺기 원하는 관계의 속성을 결정하는 데 도움을 준다. 각각의 리더는 자신만의 은사, 달란트, 경험, 성장 기회를 가진 고유한 인격체다. 이 도구는 주문에 따른 관계 형성을 가능하도록 하는 것으로, 그들의 영적인 삶을 튼튼하게 하고 리더십 기술을 개발하는데 도움을 준다. 이것은 특히 새로운 리더와 첫 대면을 하는 데 유용하다. 이 도구 중 일부는 당신의 관계에 대한 정기적인 점검 수단으로 활용할 수 있다.

리더들의 이야기를 이끌어 내라

1. 리더들에게 자신의 영적 여정을 소개하도록 한다. 어떻게 그리스도와 관계를 맺게 되었는가?

2. 어떻게 이 교회의 일원이 되었는가?
3. 어떻게 해서 그룹 리더가 되었는가?

기대치를 토의하라

1. 리더들이 코치한테서 받기 원하는 섬김과 지원이 무엇인지 진지하게 생각해 보도록 하라. 이것은 종전에 가졌던 코칭 관계를 돌아보고, 어떤 것이 유용했고 어떤 것이 그렇지 않았는지 생각해 볼 수 있는 기회다.
2. 리더들과의 관계에 대한 당신의 기대치를 생각해 보라.

3. 직접 만나서 소망과 기대치를 이야기하라.

4. 이 관계를 통해 기대할 수 있는 것과 기대할 수 없는 것에 대한 합의를 이끌어 내라.

존중할 가치에 대한 의견 일치를 보라

투명성 수용적 자세로 허심탄회하게 우리의 감정과 어려움, 기쁨, 상처를 서로 나눌 것이다.

정직 사랑 안에서 진실을 말함으로써 서로에게 정직할 것이다.

안전 서로 의견을 존중함과 동시에 사랑하는 마음으로 의견 차이를 인정할 것이다.

비밀성 두 사람 사이에 나눈 어떤 비밀도 사전 허락 없이 누설하지 않을 것이다.

우선순위 모임에 우선순위를 두며, 참석이 불가능하다든지 늦게 되는 경우 미리 연락을 취할 것이다.

커뮤니케이션, 사역의 활력

커뮤니케이션은 사역에서 활력의 근원이 된다. 분명한 커뮤니케이션은 당신과 리더들과 그룹 리더가 사역의 목적, 계획, 비전에 집중하도록 만들어 준다. 사역 스태프와 다른 코치, 그룹 리더와 상호작용하기에 앞서 "그들의 역할을 돕기 위해 내게 필요한 정보가 무엇인가?"를 자신에게 물어본다. 이때 다음과 같은 방법으로 생각한다.

그룹 리더 비전을 전달하고 분명히 하기 위해 필요로 하는 것은 무엇인가? 앞으로 치르게 될 행사나 활동과 관련해 필요한 것은 무엇인가? 전 교회적인 계획이나 사업과 관련해서는 어떤가?

코치 현재 당신이 리더들과 수행하는 일 중 다른 코치에게 유익을 줄 수 있는 일은 무엇인가? 당신이 나눌 수 있는 성공과 좌절의 경험은 무엇인가? 당신이 새롭게 배우는 일은 무엇인가?

사역 스태프 당신은 소그룹 사역에서 가장 앞에 서 있는데, 당신의 리더들과 소그룹 멤버가 겪는 도전과 필요를 알고 있다. 삶의 변화에 대한 이야기도 알고 있다. 일관되고 분명한 커뮤니케이션은 비전이 현실화되는 것을 사역 스태프에게 알려 주어 그들에게 힘을 불어넣는 작업을 가능하게 한다. 또 향상이 필요한 영역이나 훈련이 필요한 영역을 구분해 줄 것이다.

당신은 직접적인 만남, 전화, 음성 메일 또는 이메일 등 다양한 수단을 통해 사역 스태프와 의사소통을 할 수 있다. 당신이 나누고자 하는 정보의 성격에 따라 가장 적절한 수단을 선택한다. 일부 뉴스나 일반적인 정보는 이메일을 통해 전달할 수 있다. 그래야 좀 더 까다롭거나 다루기 힘든 문제를 논의하기 위한 모임 시간을 확보할 수 있다.

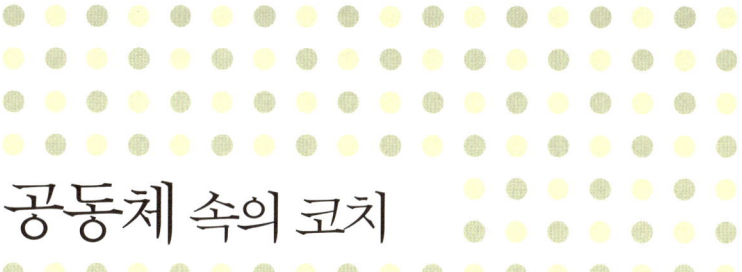

공동체 속의 코치

모두가 그렇듯 코치도 공동체를 필요로 한다. 당신은 알려지고 사랑받을 장소, 믿음의 시험대를 위한 장소, 영적 발전을 위해 도전받을 장소를 필요로 한다.

그리스도 안에 머물고 성장하기 원한다면 우리에게는 공동체가 필요하다. 실제적이고 공격받기 쉬운 소그룹을 만나는 일은 코치에게 도전이 되기도 한다. 코치가 그룹에 뛰어들 때는 그룹 멤버들과 리더가 어느 정도의 기술과 지혜를 갖췄다는 점을 염두에 두어야 한다. 코치의 지위에서 그룹 멤버의 입장을 이해하는 것이 어려울 수도 있다.

그러면 코치가 어디서, 어떻게 공동체를 발견하는가? 어떤 사람은 그들의 리더나 동료 코치와의 만남을 통해 공동체를 경험한다. 리더와 일대일 만남을 통해 일종의 공동체를 경험하는 사람도 있다. 둘 다 좋은 경험이기는 하지만 공동체에 대한 코치의 필요를 충족시켜 주지는 못한다.

여기에 두 가지 가능한 해결책을 제시하겠다.

1. **기존 소그룹에 참여하라.** 리더 혹은 그룹 등과 분명한 경계와 기대치를 설정한다. 당신은 단순히 멤버로 참여할 뿐 코치가 아니라는 사실을 분명히 한다. 참석할 뿐이지 평가하거나 가이드하는 데 목적이 있는 것이 아니다.

2. **코치 공동체.** 다른 코치들과 소그룹을 만들 수도 있다. 이것은 그야말로 공동체이며, 단순한 비즈니스 모임이 아니라는 사실을 명심하라.

Know When to Step Down

물러날 시기

교회에서 코치가 된다는 것은 부담이 큰 역할을 맡아 섬기는 일을 말하는데, 강한 압력과 요구가 뒤따르기도 한다. 문제가 적절한 시기에 발생하는 일이 드물고, 사람은 혼란에 빠지고, 갈등은 깔끔하게 해소되지 않고 점점 쌓여만 간다.

코치가 건강한 리듬을 만들고 유지하기 위해 최선을 다하는 데도 일이 계획대로 되지 않을 때가 있다. 삶을 둘러싼 환경이 당신의 코칭에 영향을 줄 수 있다. 질병이나 환란, 노부모 문제나 자녀의 특별한 필요 등 가족이 맞게 되는 도전, 직원의 이동이나 상실 등 모든 것이 사역 역량에 영향을 준다.

코치와 그가 섬기는 리더들 간의 끈끈한 관계 때문에 물러날 결심을 하는 것이 종종 어려울 때가 있다. 긴밀한 관계가 당신의 판단력을 흐리게 만들어 물러날 시기를 잘 판단하지 못할 수도 있다.

한편 어떤 코치는 항복의 백기를 너무 빨리 들기도 한다. 처음 경험하는 소그룹이 갈등이나 어려움에 부딪힐 때, 리더들이 자신의 리더십에 즉각적으로 반응을 보이지 않을 때 그들은 실패의 징후라고 판단한 후 물러나야 한다고 생각한다.

반면에 마치 일세기 순교자 같은 사람도 있다. 개인적 어려움이나 손실이 있는데도 떠나기를 거부하는 것이다. 물러나는 것을 개인적 실패로 간주하고 무조건 인내하려고 든다. 지나치게 오래 매달리다 보니 오히려 리더들과 자신의 영혼에 해를 끼치게 된다.

그러면 짐이 너무 무겁다는 사실을 어떻게 알 수 있는가? 코칭을 쉬어야 할 필요가 있다는 사실을 어떻게 알 수 있는가? 이 힘든 과제를 생각하는 데 도움이 되는 몇 가지 체크 사항을 제시하겠다. 빠르게 진단하고 당신에게 맞는 내용에 체크하라.

- ☐ 리더들과 만난 지 3주가 넘었다.
- ☐ 내가 하고 있는 코치 역할을 생각하면 부끄러워지고 죄책감을 느낀다.
- ☐ 언제나 사역 요구가 힘에 부친다고 느낀다.
- ☐ 교회 스태프나 리더들이 도움을 청하면 화가 치민다.
- ☐ 사역에서 오는 어려움에 강한 반발심이 생긴다.
- ☐ 예배에 마음을 집중하기 위해 노력해야 한다.
- ☐ 영적 훈련에 대한 욕구가 점점 약해진다.
- ☐ 항상 조급해하며 일을 끝내기 위해 한 시간만, 하루만 더 있으면 좋을 텐데 하고 생각한다.
- ☐ 강한 감정이나 분노, 눈물이 항상 폭발 직전이다.

이 리스트가 절대적인 것은 아니지만, 체크되는 항목이 둘 이상이라면 염려스러운 상황이라고 봐야 한다. 사역 요구가 너무 부담스럽거나 (당신 자신이 부과한 것이든, 다른 사람이 부과한 것이든 간에) 당신의 역량이 줄어든 것이다. 네 가지 이상인가? 이는 위험 지대에 서 있다는 신호다. 이때 스태프 멤버나 시니어 코치와 대화를 나누고 당신이 왜 그런 압박감을 느끼는지, 그것을 해소하기 위해 어떻게 해야 하는지 알아보는 것이 좋다. 당신 자신에 대한 기대치가 지나치게 높은 것일 수도 있고, 교회가 코치에게 갖는 기대치를 잘못 이해했을 수도 있다. 어쩌면 여러 사역에 관여하면서 모두의 기대치를 충족시키는 것이 벅찰 수도 있다. 아니면 코치 역할이 너무 힘들게 느껴지는 때일 수도 있다.

이유야 어찌 됐든 간에 당신과 리더들에게 도움이 되는 일을 해야 한다. 스태프 멤버나 사역 리더와 함께 이 문제를 놓고 이야기를 나누어 보라. 그리고 하나님께 조용히 기도하면서 그분의 뜻을 구한다. 신실한 상담자를 찾아 코치 역할을 쉬어야 할지 어떨지 조언을 구한다.

> 신의 섭리 하에서 만족스러운 삶을 사는 것은 모든 기독교인의 의무다. 그런 만큼 죄악은 그리 좋은 것도 아니다.
> -댈러스 윌라드

part 6　코칭 조직 세우기

이 내용은 다음 사역자를 돕기 위해 마련된 것이다.

1. 소그룹 핵심 인사 다시 말해 당신은 지역교회의 소그룹 사역을 세우는 일을 한다. 이 내용은 특별히 코칭 조직을 세우는 일과 관련된 문제를 다루는 데 도움을 줄 것이다. 이 사역을 세우는 과정에서 부딪치는 다른 도전(예를 들어 그룹에 사람을 끌어들이는 일, 리더십 개발 전략 수립, 시니어 리더들이 회중에게 소그룹 비전을 분명히 전달하는 일 등)에 대처하기 위해 빌 도나휴와 러스 로빈슨의 『소그룹을 망치는 7가지 실수The Seven Deadly Sins of Small Group Ministry』(국제제자훈련원, 2003) 중 '교회 리더들의 문제 해결 가이드'를 읽어 보기 바란다. 모든 소그룹 사역이 성장을 위해 꼭 씨름해야 하는 일곱 가지 주요 영역을 찾아내고, 평가하고, 해결하도록 도울 것이다. 또한 문제를 진단하고 효과적인 해결책을 찾는 데 도움이 될 것이다.

2. 시니어 코치 현재 다른 코치를 목양하면서 교회가 소그룹 사역을 세워 나가는 데 도움을 주는 풍부한 경험을 가진 코치다. 시니어 코치인 당신은 언젠가 소그룹 사역을 이끌도록 요청(부름)받을 수도 있다.

3. 장로, 집사, 임직원 목장(pastoral staff, 牧杖)의 권위와 지휘권을 갖고 소그룹 사역을 이끈다. 이는 사역이 성장하고 성숙해 가는 과정에서 교회의 체계를 세우는 일에 관련된 주요 문제에 통찰력을 부여한다.

마지막으로 당신이 지역교회의 소그룹 사역 책임자이고 이 일을 시작하는 단계에 있다면, 빌 도나휴와 러스 로빈슨의 공저 『소그룹 중심의 교회를 세우라Building a Church of Small Groups』(국제제자훈련원, 2004)가 도움이 될 것이다. 이 책은 공동체의 신학 체계, 소그룹 관계의 본질 이해하기, 첫 리더 그룹 편성하기, 사역을 전 교회적으로 확산시키는 데 필요한 전략적 결정을 위한 기초를 제공한다.

소그룹 사역 핵심 리더를 위한 가이드

물론 인간적인 표현이지만, 우리는 삶을 변화시키는 과정에서 가장 전략적인 사람은 소그룹 리더라는 말을 자주 해 왔다. 삶을 통해 사람과 끊임없이 부딪치는 리더로서 소그룹에 대한 의존도가 높은 교회의 경우 그들은 사역의 가장 앞에 서 있다.

전체적인 삶의 변화 구조에서 소그룹 코치는 절대불가결한 존재다. 리더들을 후원하는 현 소그룹 사역의 성공과 성장이 그들의 역할에 달려 있다고 해도 과언이 아니다.

일단 리더들이 이끄는 그룹이 가동되기 시작한다면 코칭과 후원이 필요해질 수밖에 없다. 리더를 위한 지원 시스템인 코치가 없을 때 소그룹 리더들은 소외감을 느끼고, 지역교회라는 본토에서 멀리 떨어진 사역의 섬에 좌초되었다는 느낌을 갖게 된다. 그러나 코치를 개발하고 유지하는 일은 소그룹 사역 핵심 리더의 가장 도전적인 임무에 속한다.

다음 내용은 여덟 가지 단계로 나누어 효과적인 코칭 조직을 구상하고, 세우고, 유지하도록 하는 지침을 제공한다.

1. 코칭의 역할을 명확히 규정하라

코치의 역할을 분명히 제시하는 건 매우 중요한 일이다. 이 책에서는 네 가지의 주요 코칭 원리를 상세하게 설명함으로써 코치가 해야 할 일을 알려 주었다. 이 부분을 복습하기 위해서는 이 책의 파트 3을 다시 살펴보기 바란다.

현재 활동 중인 코치 또는 코치 후보와 함께 이 틀을 점검해 보라. 이들 네 가지의 실천 원리가 무엇을 의미하고, 그들 각자에 대한 사역 기대가 무엇인지 이해시켜야 한다.

- 본보이기
- 가이드하기
- 꿈 심어 주기
- 무장시키기

당신이 이와 다른 코칭 틀을 가졌다거나 코치 '직무 분석'과 '사역 소개'를 위한 다른 언어를 가졌다고 해도 크게 문제될 것은 없다. 모든 것이 명확해야 하고, 코치에게 자신들이 기대하는 것이 무엇인지 분명히 이해시킬 수 있어야 한다는 점이 중요하다.

2. 리더 훈련에 기쁨을 가진 코치를 모집하라

코치 모집은 결코 쉬운 일이 아니다. 그 이유는 대부분의 사람이 소그룹 전문가이거나 노련하고 지혜로운 멘토가 아니면 코치가 될 수 없다고 생각하기 때문이다. 대부분은 활동적인 풋볼 코치를 떠올리거나 영적 성장을 돕는 풍부한 경험을 가진 사람을 상상한다. 코칭이 부담스럽게 느껴질 수도 있는 만큼 코치는 다른 사람을 지원하는 걸 좋아하고, 기도를 많이 하고, 인간관계가 좋은 사람으로 소그룹 리더들과 함께하면서 그들의 성공을 돕는 데 관심을 갖고 있어야 한다.

또한 코치는 여기저기 기웃거리며 문제를 찾는 독재자가 아니라는 점을 알아야 한다. 코치는 흔히 경험하는 강압적인 직장 상사 같은 존재가 아니다. 오히려 피드백과 통찰력을 제공하는 골프나 테니스 코치 같은 존재로서 리더들이 소그룹을 성공적으로 이끌도록 도움이 되는 지원과 연결하는 사람이라는 이미지를 떠올릴 수 있어야 한다.

모집 전략

1. **사역을 함께 나누라.** 코치 지망자들에게 리더 한 사람을 붙여 격려하고 성장을 지켜보도록 한다(다음 8번에 나오는 '짝 코칭 모델' 참조). 그들이 역할을 성공적으로 완수할 경우 리더 한두 사람을 더 붙여서 코칭을 계속하도록 한다.

2. **코치 지망자들을 리더십 모임에 참석시키라.** 리더들을 모아 디너, 휴양회 또는 훈련 모임을 가질 때 코치 지망자들을 현재 그 역할을 하는 다른 사람에게 소개하라. 그들은 궁금한 것을 묻기도 하고, 삶의 변화에 대한 이야기를 듣게 될 수도 있다.

3. **소그룹 방문을 할 때 코치 지망자들과 함께 참석하라.** 리더들을 격려

하고 지원하기 위해 소그룹을 방문할 때 코치 지망자를 데리고 간다. 방문이 끝나면 커피를 마시면서 방문 결과에 대해 이야기를 나누고, 그것이 코칭의 한 단면이라는 사실을 알려 주라. 흔히 "백번 듣는 것이 한 번 보는 것만 못하다"라는 이야기를 한다. 당신은 이에 대한 본보기를 보여야 한다.

리더가 코치로 성장하도록 하되, 앞일에 대한 준비도 없이 코칭에 들어가지 않도록 해야 한다.

찾아야 할 사람
다음 조건을 구비했을 뿐 아니라 소그룹 리더십 경험을 가진 사람을 찾는다.

- 그리스도와 교회를 사랑하는 사람
- 다른 리더들에게 관심을 가진 사람
- 전반적인 교회 사역에 열정을 가진 사람
- 다른 사람이 성공하도록 돕는 데 열정을 가진 사람
- 위험을 두려워하지 않는 사람
- 당신에 대한 신뢰감과 함께 당신의 판단을 믿는 사람
- 기꺼이 배우려 하고, 새로운 사역 방법에 마음이 열려 있는 사람
- 완전하지는 않지만 유능한 소그룹 리더

가장 유능한 리더는 소그룹 리더로 남고 싶어 한다는 사실을 명심하라. 하나님이 그 역할을 위해 그들을 세우셨기 때문이다. 유능한 코치

는 훌륭하게 소그룹이 이끈 경험을 가졌을 뿐 아니라 재생산 사역을 통해 다른 사람에게 영향을 주는 데 은사가 있다. 주간 모임에 참여하면서 많은 제자훈련에 관여하는 사람의 경우, 리더 훈련에 기쁨을 느끼지 못한다면 훌륭한 코치가 되기 힘들다. 코치 사역은 일차적으로 리더십을 대상으로 하는 것이며, 따라서 영향력의 범위가 소그룹 리더와는 다르다.

3. 조직을 선택하고 설정하라

조직이 매력적일 수는 없지만 잘만 구상한다면 그룹 리더도, 코치도 자유롭게 사역을 성취할 수 있다. 다음에 소개되는 조직은 코치가 리더들, 특히 방향 제시를 해주고 경청해 주며 많은 기도를 통해 힘을 불어넣어 줄 수 있는 사람을 필요로 하는 리더들에게 시간과 에너지를 투자할 수 있도록 한다.

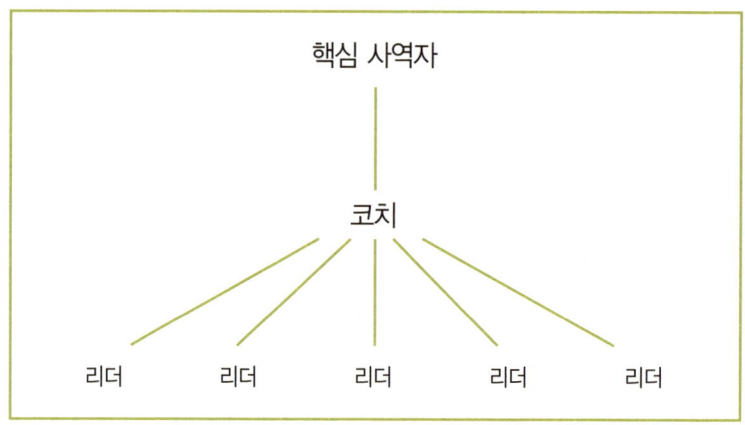

1 대 5의 비율은 한 사람의 코치가 자원봉사자로 감당할 수 있는 최대한의 '섬김의 범위'가 된다. 한 사람의 코치가 다섯 사람까지 보살피는 모델이다.

이는 시간이 걸려야 육성되고 개발될 수 있는 '리더십 공동체' 모형이다. 가장 기본적인 조직에 해당하는 이 모델은 코치와 그룹 리더들이 경험을 쌓으면서 수정되기도 한다. 이 장 후반부에서는 다른 모델이 소개될 것이다.

4. 그룹 리더에서 코치로 섬김의 범위를 넓히라

소그룹 리더들이 리더에서 코치로 그 위치가 바뀌는 것은 점진적으로 일어날 수 있는, 혹은 좀 더 갑작스럽게 일어날 수 있는 하나의 과정이다. 이 과정은 함께 일하는 리더들이 어떤 사람이냐에 따라 달라지게 된다.

다른 리더들을 코치하면서 그룹을 이끌려면 섬김의 범위가 넓어질 수밖에 없다. 코치 한 사람이 8~10명의 그룹 멤버를 돌보면서 두세 사람의 리더를 코치할 경우 섬김의 범위가 13명이나 되어 감당하기가 어려워진다. 코치가 중도에 그만두거나 사역 평균 시간보다 더 많은 시간을 힘들지 않게 투자할 수 있는 경우가 아니라면 고통과 어려움이 따를 수밖에 없다.

한 코치가 두 사람의 리더를 목양해야 하는 상황이라면 우선적으로 코칭에 집중하라고 권하고 싶다. 소그룹 멤버로 머물기 원한다면 그렇게 하도록 하고 부담이 되지 않는다면 리더십을 공유하도록 한다. 코치와 소그룹 리더를 동시에 맡는 것은 바쁜 삶을 사는 보통 사람의 경우 감당하기 힘든 도전이다.

5. 사역을 완수하기 위한 기술을 개발하라

코치가 사역을 완수하기 위해서는 기본적인 기술이 필요하다. 이 책 파트 3과 파트 4에 코치를 훈련하는 데 필요한 기술이 설명되어 있다. 그 밖에 몇 가지 기술을 알려 주겠다.

분명하고 구체적인 훈련을 하라. 첫 훈련 워크숍이나 오리엔테이션을 끝내고 나면 코치가 한 번에 한두 가지 훈련에 집중하도록 해야 한다. 전체 프로그램을 30분 내에 끝내도록 노력하고, 길어도 한 시간을 넘기지 않도록 한다.

코치의 일정에 맞춘 훈련을 설계하라. 코치는 꽉 짜인 일정을 보내면서 리더들을 만나거나 그룹을 방문하기 위해 자신의 시간을 조정해 놓고 있다. 가능하다면 훈련 모임(리더십 모임, 워크숍)을 그들이 교회에 나오는 날짜에 맞추는 것이 좋다. 아니면 코치가 편한 시간을 이용해 한 가정에 함께 모여서 훈련하는 것도 괜찮은 방법이다. 기존 행사나 봉사 시간에 맞추는 것도 좋은 방법이다. 이때는 어린이 보호 등에 필요한 자원도 손쉽게 구할 수 있다. 성인을 위한 주일학교 시간도 괜찮다.

훈련 시간을 단순히 정보를 전달하는 시간으로 생각해서는 안 된다. 행사나 특별한 날을 위한 준비, 교회 문제 등은 이메일이나 웹 사이트 또는 뉴스레터 같은 매체를 사용하라. 훈련 시간을 허비해선 안 된다. 최신 정보를 신속하게 알려 주고, 더 많은 정보를 전달하는 자료(뉴스레터, 광고지 등)도 보내 주라. 그들을 위해 시간을 투자하는 것이 리더의 할 일이다.

성경의 가르침을 빼놓지 마라. 모임을 가질 때마다 성경의 진리를 통해 격려하고, 교정하고, 코치에게 도전을 주어야 한다. 관계, 목양, 사역, 기도, 리더십에 대한 성경구절을 읽는다. 하나님의 말씀은 매 성장 단계마다 리더를 새롭게 하고, 재충전하도록 해준다. 리더들은 누구 못지않게 이 작업을 필요로 한다.

창조적이고 흥미롭게 하라. 가르치기만 해서는 안 되고, 훈련을 해야 한다. 다른 리더나 코치와의 상호작용, 실행 기술, 대화를 활용한 훈련을 실시한다. 실제적인 소그룹 상황을 연출하고 사례를 연구해 보는 방법도 고려할 만하다. 머리를 맞대고 대화로 문제를 해결하도록 하라. 적절한 DVD나 비디오 클립을 사용하여 유머러스한 분위기를 만든다. 테이블 주위에, 또는 빙 둘러앉아서 기도하는 시간을 갖고 매번 기도 순서를 조정한다. 소그룹 생활의 모범을 보이고, 모임이 있을 때마다 간식을 빠뜨리지 않도록 한다.

훈련 준비물, 유인물 또는 자료를 가지고 가도록 하라. 절대 코치를 빈손으로 돌아가게 해선 안 된다. 집에 돌아가 들을 수 있도록 훌륭한 메시지를 녹음해 주거나, 소그룹 리더들과 함께 리더십 모임을 하는 데 필요한 정보와 아이디어를 담은 자료를 제공한다. (이 책에도 이런 자료가 제시되어 있다. 사용 후에는 직접 만들어 보기 바란다.) 소그룹 리더에게 나눠 줄 자료, 즉 서먹한 분위기를 바꾸는 데 도움이 될 만한 질문이나 토론 아이디어, 그룹에서 성경을 창조적으로 사용하는 방법 등을 포함한 자료를 제공한다. 재미있는 읽을거리를 주어 그것을 통해 위안을 얻도록 하는 방법도 좋다.

훈련 결과에 대해 즉각적인 의견을 들으라. 훈련 진행이 어땠는지 물어보라. 너무 길지는 않았는가? 목적에 적합했는가? 향상을 위해 필요한 것은 무엇인가? 코치들이 안고 있는 문제 중에서 즉시 처리해야 할 것은 무엇이고, 다음 모임에서 다뤄야 할 주제는 무엇인가? 기도를 위해 또는 문제 해결을 위해 시간이 더 필요한가? 최선의 훈련 형식은 무엇인가? 이런 질문을 통해 다음 훈련 시간, 당신의 커뮤니케이션 방법을 향상시키기 위한 값으로 매길 수 없는 소중한 정보를 얻게 될 것이다.

6. 코치에 대한 보살핌과 양육

리더들을 이 정도로 대했으면 좋겠다고 생각하며 코치를 대하라. 더 작은 그룹 환경에서 그들과 함께하는 시간을 가진다. 당신 집에 그들의 가족을 초대하고, 점심을 함께하고, 조찬 모임을 갖는 것은 그들과 그들의 사역에 개인적 관심을 보여 주는 방법이다. 여기에 몇 가지 정보를 제시하겠다.

- 코치를 '사역'이라는 측면이 아니라 먼저 인간으로 대한다.
- 개발이 아닌 양육에 집중한다.
- 그들이 사랑받고, 보살핌을 받고, 불안감 없이 대화를 나눌 수 있다는 느낌을 갖도록 하는 데 목표를 둔다.
- 그들을 필요나 아이디어, 사역에 대한 느낌을 나눌 수 있는 '짝'과 연결시켜 준다.
- 함께 기도하고 성경을 읽는다.
- 그들을 어떻게 섬기면 좋을지 물어본다.
- 그들의 관심사, 즉 생일이나 자녀를 위한 행사 또는 취미 등에 관심을 보인다.
- 당신이나 다른 스태프가 먼저 코치를 접촉할 책임이 있다는 사실을 잊어선 안 된다. 그들이 문제를 갖고 직접 전화할 때까지 기다리지 마라.

7. 코치의 수명을 늘리는 요인

당신이 리더들을 떠나지 않고 세워 줄 때 그들도 당신을 떠나지 않고 기다려 줄 것이다. 코치나 리더는 부름 받았다고 느끼는 사역, 하나님이나 다른 사람과의 깊고 지속적인 관계 개발이 가능하다고 느끼는 사역을 잘 떠나지 않는다. 소그룹 사역을 관장하는 당신의 일은 개인적인 보살핌과 사역을 위한 지원뿐 아니라 영적 성장과 지원을 촉진하는 환경을 만드는 것이다. 다음 사항을 참고하기 바란다.

- 좋은 서적이나 CD, 테이프 등의 자료를 제공하여 코치의 성장을 격려하고 고무시킨다.
- 그들만을 위한 연례 휴양회 기간을 마련한다.
- 분기마다 예배를 마치고 나서 함께 점심을 나누면서 사역에 대한 최신 정보를 제공하는 방안을 검토한다.
- 사역 계획에 참여시킴으로써 사역에 대한 주인의식을 심어 준다.
- 그들의 헌신에 걸맞은 감사 표시를 한다.
- 코치가 어려움에 처했을 때(가족 구성원의 사망, 실직, 건강 문제 등) 직접 뛰어들어 그의 리더들을 지원한다.
- 휴양회 기간 중 기도와 말씀에 집중함으로써 그들의 영적 성장을 도모한다. 아니면 분기별로 하루 저녁 또는 토요일 오전 등 편한 시간을 잡아 모임을 가져도 좋다.
- 코칭 체계가 리더를 섬기기 위해 존재하는 것임을 명심해야 한다. 리더들이 코칭 체계를 섬기기 위해 존재하는 것이 절대 아니다. 효력을 발휘하지 못하면 조직을 바꾼다.
- 경청해야 한다! 코치한테서 정보를 얻고, 그 정보를 사역의 방향과 초점을 결정하는 데 사용한다.

리더들은 당신과 시간 보내는 것을 좋아한다. 당신이 그들의 개인생활과 발전적인 면 모두에 관심을 갖고 있기 때문이다.

8. 대안적 코칭 모델

코칭 조직은 소그룹 사역 모델이나 교회 조직에 따라 달라진다. 전략을 세우는 데 기초가 되는 요인 중 하나는 한 사람의 코치나 스태프가 어느 정도 섬김의 범위를 갖느냐 하는 것이다. 당신은 코치가 몇 사람의 리더를 보살피길 원하는가? 또한 코치가 어느 정도의 작업량을 소화하길 원하는가? 코치가 단순히 커뮤니케이션 제공과 사역 갱신에만 주력하고 리더 개발에는 신경 쓰지 않아도 된다면, 정기적으로 더 많은 리더를 사역으로 연결시킬 수 있다. 그러나 코치가 리더들에게 개인적으로 시간을 투자하고, 그들과 만나 함께 기도하고, 리더의 사역 환경(소그룹 모임)을 방문하여 그들이 갖는 도전과 기회를 이해하기 원한다면 섬김의 범위를 축소할 수밖에 없다.

성장 모델(Developmental Model): 1 대 5 비율 이 모델에서 코치는 리더들을 가이드하고, 본을 보이고, 꿈을 심어 주고, 무장시킬 수 있다. 섬김의 범위가 작고 사역이 집중되어 있기 때문이다. 모든 리더가 충분한 관심과 보살핌을 받고, 충분한 정보를 제공받고, 사랑받고, 각자가 지닌 은사와 리더십의 잠재력에 따라 개발될 수 있다. 이 책에서는 이 모델을 소그룹 사역을 막 시작하는 교회, 또는 사역에 코치를 새로 추가하는 교회에 가장 적합한 모델로 제시한다.

짝 코칭 모델(Peer Coaching Model): 일대일 멘토링 그룹을 리드하면서 코칭을 겸할 수 있는 모델이다. 좀 더 많은 경험을 가진 리더가 늦게 참여하는 리더들을 지원한다는 의미를 갖는다. 이 모델은 큰 조직을 필요로 하지 않는다.

대량 코칭 모델(Mass Coaching Model): 1 대 25 비율   다수의 리더를 대상으로 커뮤니케이션하기 위해 이 모델을 사용하는 교회가 일부 있다. 이 경우 초점은 커뮤니케이션과 정보, 훈련을 목적으로 하는 그룹 모임에 있다. 감당해야 할 사람의 숫자가 많다 보니(1 대 25) 개별 코칭은 힘들다. 이 모델을 사용하는 코치는 통상적으로 한 주에 열 시간 정도를 파트타임으로 투입한다.

핸즈프리 모델(Hands-Free Model): 특별 코치 없음   많은 경험을 가진 리더에게 이 모델을 적용하는 교회가 종종 있다. 코칭과 개발이 거의 필요 없는 사람이므로 보통 이메일, 행사, 폭넓은 리더십 모임, 스태프와의 간헐적인 접촉을 통해 코치를 받는다.

시니어 코칭 모델(Senior Coaching Model): 1 대 5 성장 모델의 확장형
코치가 리더 코칭에 대한 경험이 많아지면 경험이 부족한 코치를 목양하고 개발할 수 있다. 시니어 코치는 3~5명의 리더를 목양하는 3~5명의 코치를 섬길 수 있다. 자원봉사로 섬기는 자리이지만, 자격을 갖춘 코치의 경우 많은 리더와 코치에게 영향을 끼칠 기회를 갖는다. 전형적으로 50개 그룹 이상을 가진 대형 교회에서 사용하는 모델이다.

당신은 핵심 리더로서 효과적인 모델을 사용할 책임이 있다. 개인적으로 기본형인 1 대 5 모델로 시작해서 점차 늘려 나가라고 권하고 싶다. 조직이 성장하고 리더가 개발되면서 여러 가지 변형 모델을 추가할 수 있다. 그러나 먼저 기본에 충실하고, 사람이 성장 모델에 익숙해지도록 해야 한다. 많은 리더를 코치할 수는 있지만, 단순한 정보 제공이 아니라 성장을 촉진할 수 있어야 한다. 커뮤니케이션 모델과 성장 모델을 혼동해선 안 된다. 결국 이 모두는 코치가 해야 하는 일이다.

맺음말

리더들이 필요로 하는 코치가 되라

우리는 이 책을 소그룹 리더를 목양하는 데 필요한 다양한 도구와 사역 보조자료를 제공하기 위해 편찬했다. 이 책을 참고용 가이드로 삼아 필요할 때마다 필요한 만큼 사용하기를 바란다.

소그룹 운동은 전 세계적으로 확산되는 추세이며, 그와 더불어 리더십에 대한 필요성이 증대되고 있다. 우선 이 역할을 맡아 준 데 대해 감사한다. 우리는 많은 리더를 코치해 왔으므로 처음 이 역할을 맡는 당신의 염려와 두려움에 대해 누구보다 잘 알고 있다. 또한 소수 리더에 대한 투자가 수십 명의 삶으로 배가되는 사역에 따른 보상에 대해서도 안다. 이것이 바로 코칭의 특권이다.

2004년 10월 6일, 소그룹 리더인 웨스Wes와 스테파니Stephanie는 아기 엘리를 데리고 병원에서 돌아올 때만 해도 새로 태어난 아들과 보내게 될 삶에 대한 기대감에 부풀어 있었다. 하지만 일주일 후 아기가 잠에서 깨어나지 못하는 비극적인 일이 벌어졌다. 응급실에서 아기를 회생시키기 위한 노력이 수포로 돌아가자 충격과 슬픔에 쌓인 부부는 그들의 코치를 불렀다. 부부는 그때의 상황을 이렇게 설명했다.

그날 저녁 병원을 떠나기 전까지 코치는 우리 곁을 떠나지 않고 함께 있어 주었다. 그리고 피자를 사다 주고 식료품 가게에 가서 물건을 사 오는 등 실제적인 일을 도맡아 처리해 주었다. 다음 날은 장례식장에 와서 장례 준비를 돕고, 여기저기 전화를 걸어 이틀 만에 장례를 마치도록 일을 주선해 주었다. 장례식이 치러진 예배실은 수백 명의 조문객으로 꽉 찼다.

우리는 놀라움을 금치 못했고, 지금까지도 놀라움을 금할 수가 없다. 소그룹 멤버나 코치가 없었다면 어떻게 되었을까 생각하면 아찔한 마음이 든다. 그 후 여러 달 동안 슬픔을 가누기 힘들었지만, 혼자만이 아니라는

생각에 많은 위안을 얻었다. 우리에게는 인생의 험한 계곡을 함께 헤쳐
나갈 많은 윌로크릭 친구와 가족이 있다.

이들 코치가 가장 힘든 시기에 부부 리더(영적 가족의 일원이 되어 있었
음)를 도우면서 경험했던 큰 만족감을 상상해 보라. 코치는 이들 리더
를 개발하는 특권을 누렸을 뿐 아니라 필요한 때에 곁을 지키며 이들의
친구가 되어 주었다.

이 절박한 시기에 리더에게 필요한 사람은 고위층 리더나 관리자가
아니라 친구다. 그들을 아는 사람, 장례식 절차를 함께할 뿐 아니라 앞
으로 올 기쁨과 슬픔을 함께해 줄 사람이 필요한 것이다. 그들의 사역
과 영적 성장, 가족에 깊은 관심을 가져 줄 사람, 즉 그들에게는 가장 소
중한 것을 마음에 간직하고 있는 사랑 가득한 목자가 필요했던 것이다.

리더들이 필요로 하는 건 바로 이런 코치다. 그리고 당신은 이 일을
할 수 있다. 당신이 속한 교회는 흔쾌히 그리스도의 몸을 함께 목양하
는 코치와 리더들로 인해 그 어느 때보다 수준 높은 공동체 의식과 섬김

을 경험하게 될 것이다.

  리더들을 코칭하고 성도 목양을 돕는 코칭 체계를 만들어 가는 당신의 노력에 하나님의 축복이 함께하시기를 빈다. 당신을 돕고 성원을 보낼 수 있다는 것은 우리의 특권이다. 우리가 도울 만한 일이 있으면 주저 말고 www.willowcreek.com으로 연락하기 바란다.

―빌 도나휴와 그렉 보먼